平本 潤

平信徒が読み解く『福音書』

矢内原忠雄、藤井武および内村鑑三を通して

かんよう出版

まえがき

私は、二〇一六年の四月に、『創世記』と『イザヤ書』を矢内原忠雄、藤井武および内村鑑三を通して読み解いて、それを拙い小冊子としてまとめました。

今回は、念願である福音書を読み解くことに挑戦しました。この作業は、イエスの生涯とは何であったのか、そのことを問いかけることですが、この問いかけは、私にとって、信仰告白そのものでありました。主に、内村鑑三を通して読み解くなかで、重要な事柄については、非才浅学をかえりみず、私自身の見解を述べさせていただきました。その中身は、信仰の未熟さを反映して、強引な解釈による誤った理解も散見されると思います。我田引水による的外れという言葉があてはまることも多いのではないでしょうか。この点については、内村鑑三とその弟子である藤井武と矢内原忠雄、さらに矢内原忠雄の弟子であり私の生涯の師である中村勝己が仰ぎ見た「十字架」を、私も仰ぎ見ているという一点において、お許しいただきたいと思います。

なお、多くの優れた文献を引用させていただきましたが、その著者等について、全体の統一性を考慮して非礼ながらすべて敬称を略させていただきましたことを、お断り申しあげます。また、引用した『内村鑑三全集』については、戦後版（岩波書店、一九八〇～四年）が編年のため、内容別分類による戦前版（岩波書店、一九三二～三年）を利用しました。

前回同様、このような拙い書きものに対して、数々の助言をし、また労を厭わず校訂し小冊子に仕上げてくれた、一九七二年四月の出会いよりはや四十五年、かんよう出版松山献社長に、こころより御礼申上げます。

二〇一六年十一月

平本　潤

平信徒が読み解く『福音書』
―矢内原忠雄、藤井武および内村鑑三を通して―

目　次

平信徒が読み解く『福音書』

―矢内原忠雄、藤井武および内村鑑三を通して―

一、矢内原忠雄は福音書をどう読み解いたか

（一）はじめに

矢内原忠雄が書きしるした福音書の講解については、『イエス伝（マルコ伝による）』・『山上垂訓講義（マタイによる）』・『マタイ伝随想』・『マタイ伝断片』（矢内原忠雄全集第六巻、岩波書店、一九六三年）、『ルカ伝』・『ルカ伝補遺』（矢内原忠雄全集第七巻、岩波書店、一九六三年）、『ヨハネ伝』（矢内原忠雄全集第九巻、岩波書店、一九六三年）が、聖書講義としてまとめられて遺されています。

私は、最初に書かれた『イエス伝（マルコ伝による）』について読み解いていきたいと思います。この講義は、一九三七年十月～十二月、内村鑑三門下で兄弟子にあたる黒崎幸吉（一八八六年～一九七〇年）の個人雑誌『永遠の生命』に連載されました。第四回の講義から、一九三八年一月自身創刊した個人月刊誌『嘉信』にその連載が引き継がれ、一九三九年八月の第二十三回をもって完結しました。一九三七年十二月二日、矢内原は東京帝国大学経済学部教授の座を追われ野に下りました。それは、イエス伝の講義を始めた時期でした。

『イエス伝（マルコ伝による）』は、生命を賭した、壮絶な闘いのすべてがそこに凝縮されている聖書講義、といっても過言ではないでしょう。言論の自由への抑圧と思想弾圧の時代に咲いた

見事な大輪、そして仰ぎ見るべき巨大な記念碑ともいえるこの講義は、イエスの生涯から私たちが何を読み取り学ぶべきかだけにとどまらずに、暗黒の時代のただなかにあっても節を曲げずに冷静に正確に時代を見極めてその愛国の思いを身の危険を顧みずに訴え続けた、鬼神が宿ったともいうべき魂の叫びなのです。大学追放の原因となった『中央公論一九三七年九月号』に掲載された時論「国家の理想」(矢内原忠雄全集第十八巻、岩波書店、一九六四年、六二三～四六ページ)や一九三七年十月一日に行われた藤井武第七周年記念講演会での講演「神の国」(矢内原忠雄全集第十八巻、六四七～五四ページ)に勝るとも劣らない見事な時局批判が、ふんだんに盛り込まれているのです。

韓国の神学者安炳茂(一九二二年～一九九六年)が民衆神学を語るときにキーワードとして使った言葉「火山脈」(安炳茂著作選集第一巻、かんよう出版、二〇一六年、六九ページ)を用いるならば、イエスの言葉と行動という火山脈は、一千九百年もの時空を超えて、矢内原忠雄という孤高の名峰の噴火口を通して噴出し、戦前の帝国主義者である支配者たちを焦がして焼きつくしたのです。

このような、矢内原忠雄の『イエス伝(マルコ伝による)』を、私は、大きく二つの観点から読み解いていきたいと思います。第一の観点は、イエスの生涯、その言葉と行動をどのように読み解いたかということ、第二の観点は、イエス伝の講義を通じて自らの愛国と警世の思いを私たちにどのように伝えたのかを読み解くということです。

（二）　イエスの生涯、その言葉と行動

一つめの観点である、イエスの生涯、その言葉と行動をどう読み解いたのかということについては、三つの特徴を見ることができます。

第一の特徴は、イエスの生涯を闘いの生涯としてとらえたということです。イエスは世の弱者として行動し、時の権力者である為政者と宗教家たちを批判しました。その結果、重罪人として十字架刑に処された壮絶な闘いの生涯であったということです。

第二の特徴は、イエスの生涯を通じて、私たちは神の真理とは何かを知ることができるということです。イエスの御業こそが神の求める真実であったということが、イエスの生涯を通して私たちは学ぶことになるのです。

第三の特徴は、イエスの生涯のクライマックスである十字架の死によって、ようやく私たちは自身の罪を自覚するとともに神の子たるイエスによってその罪が赦され、私たちの生涯も敗北の生涯でないことを心の底から納得して平安をえることができるということです。

まず、第一の特徴である、イエスの生涯を闘いの生涯としてとらえたということについて、これから読み解いていきたいと思います。

矢内原がイエスの生涯を闘いの生涯としてとらえたことが、大変重要であると私は考えていま

す。そこには、弱い立場の人々への愛に満ちた行為がありました。しかし、そのことは、世の権力者には許しがたいことだったのです。そのために、この世での権力に対する厳しい闘いを余儀なくされました。これらは、イエス伝を読み解くために不可欠な要素です。そして、その生涯は、十字架の死というもっとも惨めな敗北で終わったのですが、しかし、その結末にも限りない意義があるのです。敗北で終わることが予測される、虐げられた少数者の側に立った闘いのなかに真実があるのです。イエスの生涯を、「戦闘の生涯（矢内原忠雄全集第六巻、三九ページ　以下略して⑥三九と表記）」としてとらえた優れた感性に私は深く共感します。

イエスの生きた時代すなわち紀元三〇年頃、飢えに苦しむ人々、差別され虐げられている人々、平和で平等に暮らしたいと願う人々、そういった人々が、イエスの身近に数多くいました。彼らこそイエスにとっての愛さなければならない隣人でした。そのような社会的弱者に対して、為政者や役人たちは見向きもせず、自身の目先の利益のみを考え、栄達を求め、また日々の享楽にひたっていました。一方、本来救いの手を差し伸べるべきはずの宗教者たちの多くは、愛や信仰を口先では語るものの、為政者たちにおもねり、貧しく弱い立場の人々をさげすみ、その心は白く塗った墓だったのです。在日米軍基地問題において強者であるアメリカの手下の同盟者として沖縄の人々を切り捨てたり、原発再稼働においても電力会社や原子力発電所を支える大手製造業の走狗となって震災被災者や事故の危険性をかえりみない現代日本社会の為政者に通じるものがあるのではないでしょうか。

矢内原は、イエスの三年間の戦いの生涯が、弱者の立場に立つことから始まったこと、そのことは、当時の主導的立場にあった宗教者たるパリサイ人には受け入れられなかったこと、最期は十字架の死で終わったことを、次のように簡潔に述べています。

　イエスの戦闘の生涯は十字架上の死を以て終りましたが、その始は病人・罪人に対する彼の愛から起つた事なのです。ここにイエスの言動がパリサイ人の注意を惹き、その敵意を高めて来た幾つかの事件が次次に起つて参りました。（⑥四〇）

　三年を出でずして、それは十字架上の敗死となつて、然り敗北の勝利となつて終つたのであります。（⑥四三）

また、戦わない姿勢について、次のように批判しているのです。

　愛とか信仰とか調子の高い言葉は、よほど気を付けて使はないと害悪がひどい。（⑥四九）

イエスは、言葉だけで愛と信仰を語るのではなく、神の御心にかなった御業が今求められているとして、行動を起こしました。国中の町々村々を巡って遍く神の福音を宣べ伝え、沢山の病人さらに罪人そして不幸な人々を助けたのです（⑥五二）。矢内原は、それを「イエスの自然で自由な生命躍動の言動」（⑥五一）と評しました。

その結果、支配階層からは反逆者と見なされて敵意を抱かれ、宗教者からは形式や伝統を無視する危険な異端者として攻撃されました。イエスは、ただ真直ぐに歩んでいるだけなのに、求めてもいない戦闘を彼らによって余儀なくされたのでした（⑥三九〜四〇）。

次に、第二の特徴である、イエスの生涯を通じて私たちは神の真理とは何かを知ることができるということについて、これから読み解いていきたいと思います。

そもそも、イエスが求めたものとは何だったのでしょうか。

それを一言でいうならば、「神の国の実現」といってよいでしょう。この世では、君主として認められている者が軍事力を背景とした暴力的権力によって民を支配しますが、神の国では、権威をもつ有力者は、威張るもの者ではなくつかえる者、支配者ではなく僕なのです（⑥一八一）。それは、柔和なもの、暴力を否定し平和をこよなく愛するものです。そういった者が、神の国においては頭たる者なのです。

神の国には大なる者、頭たる者が居ないといふのではない。併しその頭たる者は凡ての人に仕へる者であつて、多くの人を召し使ふ者ではない。（⑥一五四〜五）

そして、神の国では、神の真理があまねく世において実現されているのです。神の国で実現する神の真理とは、どのようなものだったのでしょうか。矢内原は、イエスは神の真理を解くために生まれてきたのだ（⑥一五二）として、イエスの行いを、神の真理の現れとしてとらえています。まだ神の国が実現していないこの世でイエスが行った御業について、その内容を次のように語っています。

イエスの弟子は、此世にありては、「小さき者」です。而して物質的にせよ精神的にせよ、乏しい者、弱き者、小さき者が最もイエスの愛を受けるのです。富める者強き者大なる者が権力を振つて居る世にあつて、イエスは彼等を憐み、彼等を庇つて居られるのです。（⑥一五九）

これらの指摘は、神の真理とは何かを知るうえで、重要な意味を持っているのではないでしょうか。神の国では、この世で権威があるとされているものとは正反対の形で、真理の基準が示されているのです。この世で最も権威がないとされている人々のために、イエスはつかえ行動したのです。最も弱いものよりなお弱いもの、最も罪ある者よりなお罪を負うものが、神の国では大いなるものとなるということです（⑥一五五）。

富める者、強き者が、権力を得て軍事力で支配しているこの世で、イエスは神の国をどのようにして実現しようとしていたのでしょうか。どのような人々に救いの手を差しのべたか、その行動によって、それを知ることができます。イエスは、飢えた人々、体の弱い人々、病気の人々を憐れみ、世の貧しい人弱い人のために一生力をつくしたのです（⑥二三）。矢内原は次のように述べています。

人が飢ゑて疲労困憊して居る時は、之に食物を与へることが神の御心であり、神本位と言ふ事である。（略）神の御栄のためなら人を救はなくともよいと言ふなら、それは形式論理としては整つてゐても、決して神本位の思想ではない。なぜなら人を憐れんで救ふ事が神の御経綸ですから。その事を本末転倒して、口では神の栄光とか神本位とか言つても、頭だけふくれ上つて心は冷たく、人を躓かせたり殺したりするのがパリサイのパリサイたる所以です。之に反して、神は憐憫を好みて犠牲を好まずと言ふのがイエスの御精神です。（⑥五〇〜一）

このように、イエスの生涯は、神の国の実現のために神の御心に従った御業の生涯だったのです。イエス自身が、この世においては貧しき者、弱き者、小さき者であることを自覚していました。だからこそ、同じ立場の人々にこれ以上の犠牲がでないように、名誉を回復させ、生きる力を得させて、彼らに寄り添ってともに歩んだ、それがイエスの取った行動でした。矢内原は、イエスのこれらの行動を、政治的活動ではないといいます。

彼は愛国者であります。併し彼の愛国は、軍馬によつてロマの政治的羈絆を脱しようと策動するの類ではありません。彼は救の問題を根本的に考へて居られる。国の救は神に対する国民の態度如何にかかつて居るのだ。だからイエスにありては、宗教の粛清、信仰の覚醒が愛国の中心問題でありました。（⑥一九四）

直接武力に訴えてローマ帝国支配下の暴政を転覆することを、イエスは非暴力の立場から拒否し批判しました。しかし、イエスの行動そして起こした数々の奇蹟が示すように、飢えたものに食事を与え、病人を癒し、被差別者とともに歩むことは、暴力に訴える以上に為政者にとって脅威だったのです。結果として政治的な反権力闘争の先頭にイエスが立たされていたことを意味しました。抑圧された人々を励ましながらともに歩んだ足跡が、暴力に訴える以上に人々の心をとらえて、為政者にとって最もてごわい反権力運動になってしまった事実を思うと、たいへん印象深いものがあります。この世を深く広く知りつくしていたので、暴力、武力では何も解決しないどころか逆に混迷を深めることになるということが、イエスにとっては自明の理であったのです。その信念は生涯揺らぐことのないものでした。そして、武器そのものをも否定するその理念は、「剣をとる者はみな、剣で滅びる。（マタイによる福音書第二六章五二節）」というわずか十三文字にすべて象徴的に集約されています。私たちは、イエスの神の国の実現のための行動が、歴史上たった一度きりしか起こりえない神の子による神話的事件であると受けとめてはならないと思います。イエスが、十字架刑に処せられことも覚悟のうえで実践した、非暴力による抵抗の思想は、今日まで脈々と受け継がれて、ようやく、国家がとるべき政策として、日本国憲法第九条がさし示している非武装中立としていま私たちが手にしていることを学ぶ必要があります。

矢内原は、弱い立場の人々を抑圧する暴力と偏見に満ちた社会を変革し、平和で誰もが等しく大切にされる社会を実現するために、イエスのとった行動こそが神の真理なのだと主張しているのです。それは、結果として暴力を否定する反体制運動となりました。だから、イエスは、政治犯として最も残酷な極刑である十字架刑に処せられたのです。

言論抑圧に始まり、不当逮捕、拘束、拷問などあらゆる卑劣な手段を用いて権力が攻撃してくるなかで、なぜ非暴力による抵抗を貫き通すことができるのでしょうか。それは、神におのれ自身の身体と心のすべてを預けたからこそできるのです。その境地を矢内原は次のように述べています。

神は犠牲や燔祭を求め給はない。神の求め給ふものは心です。キリストのため、福音のために迫害苦難を受けても変らぬ真心です。家や富をすてるのは、神様に心を差し出した印です。目に見えるものを差し出すことも出来ない者は、目に見えぬ心を差し出すことが出来よう筈がない。神の力では物はいらない。心がいる。だから私共の心、即ち私共の生涯をすっかり神様に引渡せば、神様は家や兄弟や姉妹や父や母や財産やを、数量的にも品質的にも百倍にして返して下さる。神の聖霊を以て塩つけて返して下さるから香気も百倍し、保存も百倍するのです。かくしてキリストのためおのれを棄てた者は、この世の生涯に於て既に百倍の転換と飛躍が起り、以前とは全然異る恩恵の生涯に入るのです。現世に於て既にさうだし、後の世にては永遠の生命を受けぬ者はない。（⑥一七六〜七）

一九五〇年代以降、日本国憲法第九条の擁護に勢力的に取り組んだことに如実にあらわれているように、国家による暴力の象徴である軍隊そして戦争を否定し、国家の政策において非武装中立を信念とした、矢内原のよって立つ原点がイエスの生涯とその行動であることを、これらの文脈から十分理解し確認することができます。そして、私たちも同じ立場に立たなければならないとあらためて強く思います。神に心を差しだすことは、社会的実践を放棄して魂の充足をえることではなくて、神に身を委ねて、権力と向きあい最後まで非暴力による抵抗を貫き通すことができるその支えとなるものなのです。それは、様々な活動とその実践の成果がすぐに出なくても、またその結果が敗北の連続でも、たとえ惨めで残酷な刑死が待っていても、永遠の生命を信じて、最後まで貫き通せるその核となるものなのです。

また、矢内原は、マルコ伝を他の福音書と比較して、教話の記事が少なく奇蹟の記事が目立って多いと指摘し（⑥八九）、その理由を次のように述べています。


無事泰平の時には議論もよいけれども、迫害の時代には言よりも業、思想よりも力である。だからマルコ伝には奇蹟の記事は多いけれども、何れ一つとしてイエス様の姿に後光を飾り、勿体をつけ、現実離れした仏壇神棚の奥にイエスを祭り込まうとしたものはありません。イエスの奇蹟は福音を目に見せて解き示す方法でありました。イエス様の御話が言の奇蹟であつた如く、その奇蹟は御業の言であつた。（⑥三三）

矢内原は、弱い立場の隣人、それは、飢えた人々、体の弱い人々、病気の人々、世の貧しい人々なのですが、彼らために行動することが、神の真理であると考えました。私たちは、神の真理を、イエスの生涯その御業において、知ることができるのです。

最後に、第三の特徴である、イエスの十字架の死によって私たちは自身の罪を自覚し、イエスによってその罪が赦され、私たちの生涯も敗北の生涯でないこと心の底から納得して平安をえることができるということについて、これから読み解いていきたいと思います。

神の真理を深く理解し、神の国の実現のために、神に身をゆだねたイエスは、神を冒瀆した罪人そして凶悪な国事犯として十字架による刑死に処せられました。矢内原は次のように問いかけます。

イエス伝を始めからここまで学んで来て、あの愛と憐憫に満ち、義と真実そのものであり、神の子として完き途を歩んで来られたイエス様が神を瀆す罪に問はれて死刑に定められ、十字架を負はされて処刑場に引かれ往かうとするのを見る時、奇異なる感が私どもの心に湧き起るのを禁じ得ません。神を瀆した罪？　それならば、真犯人はこの私だ！　あの人に罪はない。間違ひです、間違ひです、神様、大きな誤審です！（⑥二九五）。

この問いかけを私たちは正面から受けとめることができるでしょうか。

「ここまで学んで来て」ということは、私たちが、時空を超えて、イエスの時代をイエスとともに歩んだことを意味しています。自分と直接関わりのないこととして、知的興味だけでイエスを知りたいということでは「ここまで学んで来た」ことにはならないのです。私たちは、イエスとともに生きるイエスの信徒の一人なのです。飢えに苦しみ、差別され虐げられ、平和で平等に暮らしたいと願い、いったんは、イエスの教えに従って、無力者、病人、罪人のために立つことが神の真理であると信じたのです。そのような存在として、私たちはあるのです。しかし、それもつかの間、ペテロと同じように、最後にはイエスを知らないといい張って、イエスのもとから逃げ去り裏切る者が、私たちなのです。傍観者でなく当事者として、その場を今、ペテロとともに生きているのです

この事実を正面から受けとめることにより、私たちは、おのれの罪を自覚することができるのです。しかし、私たちが裏切ったイエスは、私たちを赦して十字架の上で悶え苦しんだうえ、神に身をゆだねて最後はおだやかに息絶えていきました。その姿を、目の当たりにして、私たちは、罪が赦され、救われたことを、さらには、イエスからこの上なく愛されていることを知るのです。

矢内原は、刑死にいたるイエスの苦悩を、神との格闘、そして、私たちの罪の赦しという二つの側面でとらえています。十字架でのイエスの「我が神、我が神、何ぞ我を見棄て給いし」という叫びは詩篇第二十二篇の冒頭の一句であり、神に対する疑念との苦闘もなく最初から神への全幅の信頼があったという見解を、矢内原は取りません。その言葉は、神が我を見棄てたという哀情に満ちたこれ以上ない悲痛な叫びなのです（⑥三〇八）。

苦悶をへて最後にたどりついたそのときの叫びが、「父よ、わが霊を御手にゆだね（ルカ伝二三章四六節）」という御言でした。そしてついに息絶えたのです。神に身をゆだねるまで、そこにあったのは苦悶の連続でした。苦悩の果てに、神の御心をイエスは悟ったのでした。人類の

罪を赦すために神はこの運命をイエスに負わせたのだと。神は、人類の罪を、罪なきイエスを十字架に架けることで徹底的に罰しました。イエスの十字架の死は、人類の罪をあがなうための死だったのです（⑥三一三）。矢内原はこの事実を次のように、全人類への救済の証しであり、われらの慕うべき確かな道標としてとらえました。

積極的・能動的な態度を以て、己が生命を神の御手に委ねたのです。その力強き叫び声は、十字架で死に果てる人の声とはどうしても思へない。百卒長が感動して、「実にこの人は義人なりき」と言つたのも無理でありません。（略）

神に対する絶対の信頼と人に対する絶大の愛が、十字架の上から湧き溢れてゐる。こんな大きな奇蹟は世にありません。十字架にかけられた人の唇から、全人類はいたはられ、赦され、救はれてゐるのです。心を尽し精神をこめて神を愛し、又人を愛せられたのが、イエスの生涯でありましたが、その生涯が最後の十字架の七言に要約されたのです。人の生涯の意味はその死に現はれる。我々もイエスを信ずる者として、イエスのやうな心をもつて死にたいものだ。（⑥三一一）

罪人である私たちは、たとえこの世での闘いにおいては惨めな敗北に終わる生涯であっても、イエスの十字架を仰ぎ見ることによって、イエスの愛と罪の赦し、そして救いを確信して、大いなる平安を与えられるのです。

(三) 愛国と警世

二つめの観点である、イエス伝の講義を通じて自らの愛国と警世の思いを私たちにどう伝えたかを読み解くということについては、三つの特徴を見ることができました。

第一の特徴は、当時(一九三七年〜一九三九年)中華民国に対する侵略戦争が盧溝橋事件を契機に日中全面戦争へと加速化され、言論の自由が完全に奪われているなかで、イエス伝を講じることが時代への告発の行為であることを十分に自覚していたということです。

第二の特徴は、イエスの示した生き方を貫くことがどのような結末を招くか、自身の覚悟を語ったことです。

第三の特徴は、暗黒の時代にもそこに新しい時代の萌芽があり革命的に神の国は来るという確かな希望を語ったことです。

まず、第一の特徴である、時局の悪化のなかでのイエス伝を講じることこそ時代への告発の行為であることを十分に自覚していたということについて、これから読み解いていきたいと思います。

矢内原は、このイエス伝の講義を行っていた一九三六年～一九三九年を、日本が滅びに至る大変な岐路に立っているときであると深く自覚していました。そして、その心情を次のように述べています。

日本に於ける最新の事情を今迄断片的には話したことがありますけれども、好奇心を以て聞かれることを私は非常に恐れたものですから、詳しくお話したことはなかつたけれども、大切な問題だから話す。昨年七月に日華事変が起つて以来、日本の国の政治その外の問題がどしどし変つて来た。その取締の対象になつたものは凡ての方面にありますけれども、思想方面では共産主義関係のものと基督教関係のものが多い。（⑥二四一）

ここで、これらの言葉の背後で無言で語られているのは、中国東北部からさらに領土拡大を進めている侵略の血で染まった日本の国策に対する、命を賭しての厳しい批判と抗議だったのではないでしょうか。治安維持法が刑罰に最高刑として死刑まで取り入れられて改悪されていた当時、突然逮捕され裁判もなくきびしい拷問により虐殺され、また劣悪な拘置所の環境で獄死させられることが頻発していた暗黒の時代にあって、たとえ内輪の限られた弟子たちに対する講話とはいえ、このように話をきりだした矢内原の心中は、如何ばかりの覚悟を伴ったものであったか、私たちの想像をはるかに超えるものであったに違いありません。

このように語った後で、矢内原は、イエスを愛しているということがそれだけ生命もあり力もあることで、飾りのように聖書を学ぶのではないと（⑥二四二）いいきっています。このことは、イエスの十字架にいたる生涯を、いま目の前で見ているかのようなあふれでる現実性のなかでとらえて、完全にわがこととしている証しであるといえるのではないでしょうか。

矢内原は、真実を語ることが命をも奪われかねない当時の時局の厳しさを知りつくしていました。言論思想に対する取締りが俄然厳重になり迂闊に口がきけないだけに、それにひるむことなく、それに対抗する手段として譬え話をすることの重要性を指摘していることは、イエスと共通する姿勢がそこにあり、興味深いものがあります。象牙の塔を出て、周りには敵意を抱いているものがあまたいる世間一般のなかで、学術誌ではなく雑誌を通して真実を語りつくすためには、どのようにすればよいのか。最も有効な手だては、実際の世間の問題についての生きた譬え話をすることであるというのが結論でした。そこにイエス伝研究の真骨頂があると考えたのです（⑥七三）。これらのことから、矢内原がイエス伝の講義を当時の日本軍国主義ファシズムへの抵抗の手段としていかに大切にしていたかを十分に推しはかることができるのではないでしょうか。

次に、第二の特徴である、イエスの示した生き方を貫くことがどのような結末を招くか自身の覚悟を語ったことについて、これから読み解いていきたいと思います。

矢内原は、マルコ伝を講義するなかで、第十三章を最大の難所であったといいます（⑥二三四）。そして、第十三章を講義した一週間を十年もかかったような気がしたと述懐しています（⑥二三三）。

なぜこれほどまでに、マルコ伝第十三章を重要視したかについて、考えていきたいと思います。マルコ伝第十三章第六節にあるように、今はまさに、多くの者がイエスの名をかたり惑わす、真理と偽りが逆転している苦難に満ちた時代なのです。同第九節にあるように、イエスの弟子であるがゆえに権力者の前に立たされ弾圧されるのです。同第二十二節では、多くの偽預言者が国民を惑わす姿が描かれています。そして偽りが世をおおいつくして、光のない暗黒が世を支配しています。しかし、同第三十一節～第三十七節では、真理は滅びず、いずれは必ず勝利することになるのです。そのことは、天なる父のみが知っています。私たちは、その勝利のときに備えて、目覚めていなければならないのです。イエスは、真理の道を真っすぐ前進し、権力者の前でもひるむことなく、十字架の道へと歩みました。ここで語られているのは、今の日本と自分達でもあるのです。

このいいようのない悲哀に満ちたイエスの悲劇の運命を、私たちが後からついていくことが果たしてできるであろうかと問うときに、マルコ伝第十三章を弟子たちに講義することの困難さを、矢内原はひしひしと感じ取り困りはてたのでした。そしてイエスの弟子の一人として、次のようにかたく決意します。

併し十三章の難所を通り越すのには、一かたまりになつて団体的に通ることは出来ない。私は私の足下に気を附けますから、あなた方はあなた方でめいめい自分の足下に気を附けなさい。この道をイエス様が先に通つて、我々に規範を示されて居られる。でありますから、イエス様が言はれた注意を以つて通れば、自分たちにも通れないことはない。之だけのことをイエス様が懇切に言ひ残して下さつた。言ひ残して下さつただけでなしに、自ら歩まれた。それを考へるといふと、十三章の精神が我々に少し理解が出来る。(⑥二三九)

矢内原が、難所を乗り越えてようやくたどり着いた、神の真理である平和と正義を求めるがゆえに迫害される運命をあらためて覚悟しなおすことができた境地は、次のようなものでした。

それで、イエス様が先に捕はれ、そして十字架にかかられた。イエスの言ひ残されことや示された実例を集めてマルコ伝を書き、その時代の迫害の空気に脅かされた人々を励ました。そしてその信仰が今日我々にまで伝はつてゐる。今迄世界各国に於て何度も、此処に書いてある通りだ、之が真理だといふことが証明され、沢山の人々がこの道を通り、その足跡を我々に残してゐる。さう考へて見ると、自分達がマルコ伝十三章を学んだといふことは、結局自分達も之が真理である、之が義しい道であると、続いて往くべき為めである。キリストを信ずる者が、キリストの名の為めに憎まれることがなければをかしい。凡ての事柄が聖書に適つて起つて来る。だからして我々自身自分の足もとに気を附け、心して終り迄耐へ忍ばなければならない。それで始めて十三章の意味が出て来る。先程言ひました通りに、イエス様が先に此処を歩いて下さつたことは、我々にとつてどれだけ心強いか解らない。（⑥二四〇〜一）

この言葉は、当時の日本が歩んでいた侵略と戦争への道への断固とした拒否の宣言です。その信念を根底から支え、いかなる弾圧に対しても、たとえ死が待ち受けていたとしても、その主張を貫き通すことができる強い覚悟を示すものなのです。私は、当時多くの日本共産党員をはじめとする共産主義者や自由主義者そして宗教者たちが拷問により苦しめられ、たとえ殺されようとも死を賭しても人間理性と人間愛を持ち続けて、その信念は最後までゆるがずに、侵略戦争に反対した事実を思い起こします。彼らを内面から支えていたものは、イエスの十字架の信仰そのものではなかったかも知れません。しかし、それに通じるもの、至宝ともいうべき輝くものを、彼らもしっかりと心の奥底に秘めて堅く持っていたことは確かではないでしょうか。

最後に、第三の特徴である、暗黒の時代にもそこに新しい時代の萌芽があり、革命的に神の国は来るという確かな希望を語ったことについて、これから読み解いていきたいと思います。

矢内原は、イエスの生涯を、世の中の弱者として行動し時の権力者を批判した結果、重罪人として十字架刑に処された敗北の生涯としてとらえました。しかし、それは神を愛しかつ隣人を愛するという、人格の根底でありその価値の源である愛を示すものであったといいます（⑥二二〇）。それは、神が命じた生涯であり、敗北のうちにすべてが終わらせてはならないものなのです。したがって、復活と再臨が示すように、イエスの愛の生涯は勝利の生涯へと転じました。

矢内原の追い求めたものは、当時全く世に受け入れられず、権力者たちからも大学追放という迫害をうけました。そのようななかで口を閉ざすことなく、自らが求め信じているものをイエス伝の講義のなかで語り、世の中の弱者として、そして迫害を受けたものとして、権力に屈することはありませんでした。平和と正義を求め、その実現こそ神の国の到来であると確信していました。その希望と未来への確かな展望を語る言葉を次に引用します。

現実現実と言ひますけれども、社会の現実は如何にも行詰つて酷い。然し我々の願つてゐるものは、醜くないもの、平和なもの、美しいものです。それですから我々が現実から離れて神様の御胸に憩ふことは本当に息をつくことであり、之れ程有難い事はない。さういう世界を示されて、其処で平和と歓喜を見せて頂く事は我々の喜です。はづかしいとか卑怯とか

ではありません。人間の本当の願いはそこにあるのです。（⑥二八〜九）

神の国は進化的に来るのではなく、革命的に来るのだ。そして革命の前夜には、一方では新しき神の国の胚種が自然及び社会の胎内に成熟すると共に、他方では革命せらるべき自然界の欠陥及び社会の罪悪が極度に現れる。かくして神の国は決戦的に来るのだ。戦争、地震等々が頻に起つても懼れることはない。それは神の国の黎明だ。併しまた社会的事変や自然的天災が起れば、神の国はすぐ来るものと早呑込みをしてもいけない。之らはすべて新秩序の「産の苦難の始」であるに過ぎない（ロマ八の二一、二二参照）。（⑥二二四〜五）

この予言通り、イエス伝講義完結からわずか六年の後、アジア二千万の人々の尊い生命を奪い、人々に塗炭の苦しみと災いをもたらした、巨悪の根源である天皇制絶対主義国家である大日本帝国は滅びました。荒廃した国土に、非武装中立よる平和な民主国家日本という希望が、赤く強烈にあざやかに点灯したのです。

しかし、その後七十余年、今や、偽預言者が跋扈し、日本国憲法第九条を改悪しようという勢力が勢いを増していることに端的に現れているように、わが国の平和と正義が大きな危機をむかえています。私たちは、矢内原の『イエス伝（マルコ伝による）』のなかに散りばめられた数々の崇高な魂の叫びを深く胸に刻んで、私たちに今求められている、神の国の実現に向けた行動を起こさなければなりません。それは神が用意し、イエスがかつて歩んだ平和と正義の道を歩むことなのです。この道を真っすぐに、こうべを上げて歩もうではありませんか。

二、藤井武は福音書をどう読み解いたか

（一）　はじめに

藤井武が書きしるした福音書の研究は、『イエス伝研究』（藤井武全集第五巻、一〜二七一ページ、岩波書店、一九七一年）としてまとめられています。

その中身は、序論第一、第二および第一〜第八章で構成されています。序論の第二は一九一七年七月に東京神学社教頭を務めた柏井園（一八七〇年〜一九二〇年）が発行した雑誌『文明評論』に発表されていますが、序論第一と八章だての本論「イエスの生涯とその人格」は、一九二〇年六月自身創刊した個人月刊誌『旧約と新約』に、一九二一年七月発行の第一四号から一九二九年五月発行の第一〇七号に十六回にわたり断続的に連載されたものです。なお、本論の第一章から第七章は、『イエスの生涯とその人格』として一九二七年十二月に岩波書店より出版されました。

当時日本政府は、中国東北部への侵略をもくろみ、さらにその牙を中国全土へ向けようとしていました。一九一七年のロシア革命、一九二二年七月の日本共産党の創立といった共産主義運動の高まりに危機感をつのらせて、一九二八年三・一五事件など共産主義者への一斉検挙を行い、言論の自由を主張すれば、牢獄につながれるか、転向もしくは沈黙を余儀なくされるといった時

代状況でした。

その時期に書き続けられた『イエス伝研究』を、藤井武は、平面的絵画的ではなく立体的彫刻的な著作（藤井武全集第五巻、五〇ページ　以下略して⑤五〇と表記）であると、その特徴について自ら語っています。私は、この要約された言葉にさらに付け加えて、次のように表現したいと思います。この著作は、藤井が一切の先入観と偏見を棄てて、新約聖書という素材のみをもとに、形なきものから、ひと彫りひと彫り全身全霊をこめて、刻みこんでイエスという人格を浮きあがらせて、見るものを圧倒する彫像にまで造りあげたという形容がふさわしいものではないでしょうか。それは、今まで良心的と言われていた言論人さえも時代に迎合して、天皇制ファシズム国家を擁護し当時唱えられ始めた八紘一宇という偽名のもとに、その後には二千万ものアジアの人々の尊い命を奪うことになる侵略戦争を黙認していく風潮に敢然と背を向けて、迎合者たちそして弾圧に屈した沈黙者たちには決して語れない真理を、個人雑誌という限られた世界からではありますが、あしかけ十三年にわたって、発信した壮大な作業でした。

さかのぼること五百年、イタリアのフィレンツェにおいて、かのミケランジェロがカッラーラの大理石から命をすり減らし不眠不休でダビデ像に刻みあげている姿を、私は藤井の『イエス伝研究』から連想せざるをえませんでした。ダビデ像が、羽仁五郎（一九〇一年～一九八三年）によって、反ファシズムの記念碑となったように（ミケルアンヂェロ、岩波書店、一九三九年）、この作品は、時流におもねらない永遠の良心として今後も読み継いでいかなければならないと思います。

藤井武全集の編集・校正、発送に心血を注いだ矢内原忠雄は、『イエス伝研究』について一九三八年十二月付の解説で、この作品を次のように評しています。

著者のイエス伝研究は著者自身の言によれば「立体的彫刻的」である。そはイエスの伝記の研究といはんよりも、イエスそのものの研究である。イエスの言行の研究といはんよりも、その生涯―その生と死との意味の研究、その人格の中核的把握である。著者にとりて生涯は事件よりも重く、人格は言行よりも重い。著者はイエスを分析せずして活かし、描写せずして直にその心臓の鼓動のひびきを伝へる。誠に救はれし著者自身の生涯と人格とを以てせる、救主イエスの生涯と人格との研究である。（⑤六一九）

この様な藤井武の『イエス伝研究』を、私は、二つの観点から読み解いていきたいと思います。第一の観点は、神の子たるにふさわしい人格の完成がイエスにおいてなされた事実を、藤井がイエスの生涯をたどるなかでどのように読み解いていったかということ、第二の観点は、イエスの存在に藤井はどのような意義を読み解いたかということです。

（二）　イエスにおける人格の完成

一つめの観点である、神の子たるにふさわしい人格の完成がイエスにおいてなされた事実を、藤井がイエスの生涯をたどるなかでどう読み解いていったのか、これからたどっていきたいと思います。

冒頭で、藤井はイエスに対して一切の先入観と偏見を棄てて向きあったと書きましたが、そのことは、イエスの生涯をたどるときに、まずは歴史上の市井の人間として考えることから始めたことを意味します。イエスを、あえて「彼」と表現しているところからも、そのことがうかがえます。彼は、生涯の始めから、神のように悪の可能性から超越した存在ではなかったのです。悪と善の間、普通の人々と同じように、両方の可能性を持っている、彼には、すべての快楽を愛しすべての苦痛を憎む感受性があるのです（⑤一二〇）。イエスは、律法によれば無資格者であり内なる能力によって彼をして真実の祭司にしたのだ（⑤一五八）と、藤井はいいます。そして、市井の人とまったく変わらないことをイエスが自認していたことを、次のように述べています。

彼は人と自分との間に隔てを考へることが出来なかつた。彼にとつては万人が自分であつた。彼らの呪ひは即ち自分の呪ひであつた。彼は罪人を見るとき、自分が罪人であるごとく感じた。癩病人を見るとき自分がすでに癩病人であつた。このゆゑに彼の手は躊躇なく伸ば

されて、その恐るべき悪疾の身につけられたのである。(⑤一二五)

右の引用になかに「癩病人」そして「恐るべき悪疾の身」という表現がでてきます。ハンセン病すなわち当時の通称癩病とキリスト教の問題はキリスト者にとって大変重要なテーマです。無教会の指導者および信者をはじめ、多くのキリスト者がハンセン病に献身的に関わってきました。本論から少し離れますが、キリスト者にとって避けて通れないこの問題について考えてみたいと思います

患者を救済したいという善意とは裏はらに、科学的根拠の希薄な隔離政策を支持し、極めて非人道的な断種を黙認し、ハンセン病患者とその家族の人権を奪うことに結果として加担した人々が多くいました。

その一例として、内村鑑三の弟子であり内務省官僚であった前田多門(一八八四年〜一九六二年)を父に、そして同門下でキリスト教伝道者である金澤常雄(一八九二年〜一九五八年)を叔父に持つ神谷美恵子(一九一四年〜一九七九年)について、考えてみたいと思います。神谷とハンセン病との関わりは、一九四三年、十八歳のときに、金澤に連れられて、ハンセン病療養所多磨全生園を訪問したときから始まります(神谷美恵子著作集第二巻、一二六ページ、みすず書房、一九八〇年)。それ以来、ハンセン病患者に対して「なぜ私たちでなくあなたが? あなたが代わって下さったのだ」という負い目を持ち続けたといいます(前掲書、一三二〜三ページ、

一四一ページ)。一九五七年、精神科医としてハンセン病療養所長島愛生園に赴任します。誤った国策を推進した中心人物である長島愛生園初代園長光田健輔（一八七六年～一九六四年）を、一九四三年八月の初めての出会いから、生涯、偉大なる師と仰ぎ続けました（前掲書、一六五～一八五ページ)。

また、カトリックの神父でもあり中世キリスト教思想研究に偉大な足跡を残した岩下壮一（一八八九年～一九四〇年）も、裕仁天皇の母、貞明皇太后九条節子のハンセン病患者への慈善事業を聖徳と尊崇し、ハンセン病患者の隔離による「民族浄化」を世に訴えました。一九三五年には、隔離費用七千万円があればあと三十年で解決する、皇太后の慈悲に赤誠をこめるなどと主張しています。その内容は次のようなものでした。

ああ、われらの皇太后さまはなんとお情けの深い方であろう。この光栄は決して私たちばかりのことではない。私たちの身において全国何万のライ患者、家族に捨てられ、故郷を追われ、社会からは蛇蝎視される病者の群れを、これほどまでも陛下はみ心にかけさせ給うことをお示しくださった。その日、赤誠をこめて陛下を奉送したてまつった国民は、幾万もあったであろう。（岩下壮一全集第八巻、二四三ページ、中央出版、一九六二年）

たとえば結核のように患者が百五十万とかいうものならばともかくとして、ライが多いと申しましても五万人で、そのうち伝染の危険がある患者は一万人ぐらいで、それだけを隔離すればよいのであります。すでに五千人が収容されているのですから、もうひと息、五千人を収容すれば、約三十年にして解決し、しかも費用は七千万円あればよいのです。（前掲書、二四九ページ）

当時のハンセン病医療の世界的動向を学び、患者の人権が療養所でどのように扱われていたかその事実を掘り下げて、虐げられ人権を奪われた患者たちに対して向き合っていたならばどうだったでしょうか。そして、強制隔離以外の治療方法が医学的に可能であることを知れば、京都帝国大学皮膚科特別研究室主任の小笠原登（一八八八年～一九七〇年）のように（詳しくは　藤野豊、孤高のハンセン病医師――小笠原登「日記」を読む、六花出版、二〇一六年）政府と医学会の方針に疑問を待ち、強制隔離や断種政策を批判せざるをえなかったのではないでしょうか。隔離を絶対的なものとする当時の日本の政策は、欧米の通院等による治療との併用政策と異なり、患者の家族をも誤った偏見にさらし彼らから尊厳と生きる望みを奪うものでした。

光田に対する多くの厳しい批判に対して、神谷は、次のように擁護しています。

いったい、人間のだれが、時代的・社会的背景からくる制約を免れうるであろうか。何をするにあたっても、それは初めから覚悟をしておくべきなのであろう。

私はむしろ、歴史的制約のなかであれだけの仕事をされ、あれだけのすぐれた弟子たちを育てた光田先生という巨大な存在におどろく。研究と診療と行政と。あらゆる面に超人的な努力を傾けた先生は、知恵と慈悲とを一身に結晶させた人物であった。先生との出会いは、生涯消えることのない刻印を、多くの人の心にきざみつけたのだと思う。(前掲書、一八四ページ)

神谷のいうように、社会科学や自然科学の認識、時代とともに生みだされた新技術など、時代的・社会的背景からくる制約を免れることのできないことも多くあると思います。しかし、イエスに信従するものは、イエスがそうであったように、時代的・社会的背景からくる制約を受けない、永遠の真理を求めました。それに照らしてどうだったのでしょうか。

私は、神谷の光田擁護に対する反論として、ハンセン病医学者で、元国立療養所大島青松園外科医長である、和泉眞蔵(一九三七年〜)の見解を紹介したいと思います。

ハンセン病医学関係者の責任は、要約すると、非科学的で一貫した論理を持たない誤ったハンセン病医学を作り上げて国民に誤った認識を広め、患者や家族に重大な被害をもたらしただけでなく、誤ったハンセン病観に基づいて政策を遂行して患者や家族に損害を与え、国民のハンセン病に対する誤解を拡大再生産した責任である。(医者の僕にハンセン病が教え

てくれたこと、一八七ページ、株式会社シービーアール、二〇〇五年）

ここでいう「非科学的」や「誤った」というのは、現在の到達点からの断定ではなく、その時代的・社会的背景からくる制約を十分考慮したうえでの評価であることはいうまでもありません。光田は、和泉による時代区分によると、一九〇七年「癩ノ予防ニ関スル件」制定から一九五三年「らい予防法」制定までの第一世代（前掲書、一八七〜八ページ）に属するハンセン病医療と行政の最大のリーダーでした。和泉は、具体的事実で、光田の非科学性と誤りを指摘しています。その重要な部分を引用します。

ハンセン病の感染性についても、第一世代の絶対隔離論者は多くの疫学的事実を無視して、ハンセン病は強烈な伝染病であると繰り返して宣伝し国民に信じ込ませようとした。（略）ハンセン病の感染性は結核とは比べものにならないほど小さかったのである。（前掲書、一九〇ページ）

第一世代の専門家は、ハンセン病患者と起居をともにしても病気が感染することはきわめて稀であることを知っていながら、国民に対してハンセン病は強烈な伝染病であると教え込んだのである。隔離のためなら、どんな出任せでも平気で口に出せたのが第一世代の絶対隔

離論者であった。（前掲書、一九三ページ）

終生隔離が必要な理由を光田は、プロミンでは潰瘍は治るが神経内の病巣は治らないからと説明しているが、この説明にはいくつもの偽りがある。（略）重症のL型患者だけを取りあげて全てのハンセン病患者は終生隔離が必要と国民に思い込ませるのは明らかに欺瞞である。（略）L型の神経炎は、他の原因による末梢神経炎より神経線維の再生がよく、機能回復が期待できることも分かっている。もし労働によって神経が破壊されるというなら、第一世代の専門家はなぜ患者に園内作業を強いたのだろうか。（前掲書、二〇一～二ページ）

光田健輔は、ハンセン病予防のためには患者の断種手術が不可欠だという信念を持っていたが、世界のハンセン病対策の中で、断種や人工中絶が日常的に行われたのは日本だけである。（前掲書、二〇三ページ）

光田はハンセン病を撲滅する唯一の正しい対策は全患者の終生隔離であり、そのためには患者と家族の断種や妊娠中絶による子孫の絶滅が必要であると信じていた。この信念は、スルフォン剤の治療効果が確立し、全ての病型の患者が治るようになった一九五一年（昭和二六）になっても変わらなかった。この光田の政策を多くの第一世代の専門家は熱烈に支持

し、少数の例外を除いて全ての療養所で断種手術が行われた。（略）
　ここで忘れてならないのは、療養所で実際行われた断種や堕胎には、医療上許されない多くの残酷なケースがあった事実である。例えば医療行為であるワゼクトミーを医師でない職員が行ったことや、人工早産には危険すぎる時期に達していた場合にも母体の危険を考慮せずに人工早産が強行されたこと、さらには、生きて生まれた嬰児を看護師が窒息死させたことなども国賠訴訟で証言された。また、熊本地裁の証言台に立った青松園のYさんは、中絶させられた妻の胎盤を海岸に埋めに行かせられた悔しさを語った。これらの事実は、ハンセン病患者に対する優性手術や堕胎は、患者のためではなくハンセン病撲滅により国の対面を保とうとした日本型絶対隔離絶滅政策のために行われたことを証明している。（前掲書、二〇四～五ページ）

　以上が主な論点です。大変説得力のある、時代的・社会的背景も考慮したうえでの検証であると思います。和泉は、一九三〇年代から始まった、絶対隔離政策の強化策である無癩県運動にもふれています。健康な若者はお国のために出征して戦場に赴き天皇に命を捧げ、ハンセン病患者はお国のために家族と別れて療養所に「出征」して祖国を「浄化」し、社会と家族をハンセン病から守るのが美徳と宣伝された（前掲書、二一〇ページ）と、優れた批判的時代分析を行なっていることも付け加えておきたいと思います。ほぼ同時期に、時代に制約されない永遠の真実を求めて、藤井は全く質の異なる生きかたをしていたといえるのではないでしょうか。

なお、民族浄化論に代表される天皇制ファシズムとハンセン病医療の歴史研究の成果は、先に、小笠原についての文献でもふれた、藤野豊（一九五二年〜）により、『日本ファシズムと医療』（岩波書店、一九九三年）『いのちの近代史』（かもがわ出版、二〇〇一年）をはじめとする労作に見事に結実しています。

ハンセン病患者に対する差別法の廃止運動がようやく実ったのは、光田の継承者たちが定年などでハンセン病医療の第一線を引退した、一九九〇年代になってからでした。一九九六年、絶対隔離を推し進めていた「らい予防法」が廃止されました。さらに患者たちの訴えに対して、二〇〇一年五月熊本地方裁判所において、国の政策が国家賠償という形で断罪されました。

以上を前提に、藤井の立ち位置を考えると、主語はイエスではありますが「癩病人を見るとき自分がすでに癩病人であつた（⑤一二五）」との言葉からうかがい知ることができるように、神谷のように自分の身代わりで責め苦を負い、そのことに対して赦しを乞うべき対象としてハンセン病患者を見ていたのではなかったと言えるのではないでしょうか。まして「民族浄化」などという思想とは全く無縁だったと思います。次の文章を味わってください。


剰（あまつさ）へ、その病患は神の手づからなる懲罰のやうに見られて、宗教の事に於てさへ彼らは除け者にせられたのである。（⑤一二四）

藤井は、イエスはハンセン病患者の穢れと詛いを自分に引き受け、悪疫に苦しむ子を看護する母の心で彼らに接した（⑤一二六）といっています。難病にかかった事実の重さを、穢れや詛いというように表現していますが、それを天罰とは考えていなかったことも明らかではないでしょうか。まして、私たちの身代わりとして罪を一身にうけた尊い人々と見なすような、飛躍した考えは持っていなかったと考えてよいでしょう。明治以降、多くのキリスト者が関わっただけに、ハンセン病をどのようにとらえるかは、キリスト教の信仰のあり方の根幹をなす重要なテーマだと思います。この問題を考えるとき、荒井英子（一九五三年〜二〇一〇年）『ハンセン病とキリスト教』（岩波書店、一九九六年）は、非常に示唆に富む優れた著作であり、必読書です。著者が五十七歳の若さで亡くなったことは、近代日本キリスト教史研究における大きな痛手といわなければなりません。逝去後に、夫であり現在日本を代表する新約聖書学者である荒井献（一九三〇年〜）により編集された『弱さを絆に　ハンセン病に学び、がんを生きて』（教文館、二〇一一年）での、患者を「救済の客体」ではなく「解放の主体」としてとらえるべきであるとの指摘は（前掲書、三〇五ページ）、ハンセン病患者を、私たちがどのように受けとめるかにとどまらない、イエスの教えそのものに関わる貴重な主張です。もし、イエスが、私たちに、ただ従うことだけを求めて「解放の主体」たることを求めていないとするならば、新しいぶどう酒はそのまま古い皮袋に入れられて、酒と皮袋は無駄になってしまうでしょう（マタイによる福音書第九章一七節、マルコによる福音書第二章二二節、ルカによる福音書第五章三七節)。なお、前掲書において(二八八〜九三ページ)、神谷について優れた批判的分析を行っていることも、つけ加えておきたいと思います。

市井の人と自認していたイエスを、なぜ藤井は、神の子と呼ぶのでしょうか。「神の子はイエスに於て人と成つた(⑤六六)」といういい方をしていますが、この表現とは裏はらに、イエスを最初から神の子と考えていたわけではありません。「肉にありながら肉をうち伏せ、完き聖潔と愛との生活を送つた(⑤七〇)」、人の子が苦難の果てに精進の結果、神の子にようやくなったということではないでしょうか。

そこで重要なのは、藤井が、バプテスマのヨハネを、ヨハネ自身がいう、かがんでそのくつひもを解く値うちもない(マタイによる福音書第三章一一節、マルコによる福音書第一章七節、ルカによる福音書第三章一六節)存在としてではなく、イエスとともに、人生の最大問題が道徳問題であり救は罪の赦しによるものであること(⑤九七)を、全人類に教える使命を果たした人物として、その出会いにおいては、イエスと同等に扱っているということです。まだ、この時点ではイエスは神の子として完成されていないのです。十字架刑による死によってようやく、「神の子はイエスに於て人と成つた」。このときは、その出発点にイエスは立っているにすぎないのです。

バプテスマのヨハネと同じように、イエスは、芸術、哲学、科学が、人生にとって最高の価値ではなく、道徳を守ることこそ、人生最大の課題という認識にたっていました（⑤九八）。藤井は、道徳を守るということが、どのようなことを指しているのか、『イエス伝研究』のなかで具体的には語っていません。ただ、次にのべられている告発が、その意味するところを知るうえでの手がかりになるのではないでしょうか。その部分を引用します。

バプテスマのヨハネをして今一たび野に叫ばしめよ、殊に基督教の漸く歓迎せられんとしつつある我が日本に於て！　その高ぶりたる大学教授、偽善なる両院議員、俗化したる牧師等を捉へて言はしめよ、「蝮の裔」と。その恋愛を売ものにして人霊の市を開きつつある戯曲家小説家どもに向つて消えざる火の審判を宣言せしめよ。その民衆をしてまづ誠実なる悔改のバプテスマを受けしめよ。然るのち始めてキリストに来らしめよ。然らずして、今のままにして此国に福音を説くは、まさしく豚に真珠を投げ与ふるの愚をなすものでなくして何か。（⑤一〇二）

一九二〇年代の、植民地の人々と日本国民の貧窮化と、天皇制ファシズム国家の本性をますます露わにして実施されていく国家の専制的侵略施策、思想弾圧を、藤井が、階級的視点に立って、朝鮮の独立等植民地の解放、中国への侵略反対、小作人の解放、労働者の団結といった方針を旗幟鮮明に掲げて、批判していたとは、私は考えていません。社会改造に関わる以上に、それらに携わる者が求められる人格の完成に軸足を置いていたと思います。しかし、当時の日本の指導者たちを「蝮の裔」とよび、「火の審判」を求めているように、当時の社会の現状を、受け入れがたい現実として、階級的視点に立つ人々と同じように物事が見えていたと想像することは、許されるのではないでしょうか。このような社会をつくりあげてしまった人々を、罪の赦しをえなければならない者たちとしてとらえていたことは間違いないと、私は考えています。

イエスが、ヨハネよりバプテスマを受けたことは、ヨハネと同じ視線で、人類の罪を自覚し、悔い改めた市井の人々と連帯するという、そういう立場にイエスが立ちきったことを意味します。罪を告白し、道徳的誠意を表現するためにバプテスマを人々が受けているとき、イエスは、しらん顔でその人々を見過ごせなかった。イエスと他の人々の間には、罪を犯さないことを除いては、なんら区別がない、そこに連帯関係がある（⑤一〇四～五）と藤井は指摘するのです。

このように見ていくと、神の子たるにふさわしい人格の完成は、イエスにおいて、最初から完全なものとしてあったのではなく、ひとつひとつの人生の出来事において、つくりあげられていったものと、藤井は読み解いたといえます。最も重要な、罪の問題を、人々とともに自覚することからイエスは、その歩みを始めたのです。そして、イエスは、荒野でサタンの誘惑にあうのです（マタイによる福音書第四章一～一一節、マルコによる福音書第一章一二～一三節、ルカによる福音書第四章一～一三節）。パンと奇蹟と栄耀栄華の誘惑は、藤井の解釈では、イエスは、それを、平然と退けたのではなかったというのです。

誘惑は強かつた。イエスはなやんだ。何人よりも強き誘惑に彼は悩まされたのである。人として受け得るかぎりの試煉を彼は受けたのである。併しながら彼は敗れなかつた。ただ神の言に頼つて敵を撃退した。それはいつも苦戦であつた。しかし勝利は必ず彼に帰した。（⑤二一九）

このように、荒野の誘惑は強く、それにイエスは悩み、苦戦し、大いなる試煉であったと、読み解くのです。道徳の完成を人生最大の課題として、ヨハネよりバプテスマを受けるなかで、人々との連帯のなかで自覚したイエスが、荒野の誘惑を克服して、さらに成長していくのです。こういったイエス像は、藤井が真正面から先入観なく福音書のすべての出来事と向きあって、そこに人の子が数々の試煉を乗り越えて神の子にいたる事実を見た結果なのです。道徳の完成に至るイエスの歩みが、時間の経過のなかで、ひとつひとと刻まれていくのです。

ついに、最大にして最後の試煉がおとずれます。ローマに反逆した政治犯として処刑されるときがきたのです。当時最も残酷だといわれた十字架刑に処せられるのです。藤井は、その実態を究明しようとします。処刑は、どのように行われたのか、処刑の方法を考察するのです。十字架を立ててのちに人を釘で打ち付けるのか、打ち付けてから十字架を立てるのか、問うのです。歴史的事実は明らかではないといいます。藤井は後者であったと想定して、イエスの苦悶を体感し

ようとするのです。（⑤一九二）
イエスの処刑については、ドイツの神学者ヨーゼフ・ブリンツラー（一九一〇年～一九七〇年）が、一九五一年刊『イエスの裁判』（邦訳、大貫隆・善野碩之助訳、新教出版社、一九八八年）のなかで、次のようにくわしく考察しています。

—死刑の宣告を受けた者は衣服を剥ぎ取られ—イエスの場合はすでに先立って執行されたが、鞭打ちを受けた後—地面の上で両腕を伸ばした姿勢でまず横木へ釘付けされ、それからそれを自分で背負って処刑場所まで引いてゆかなければならなかった。そこに着くとその横木は罪人の身体もろとも吊し上げられ、地中深く垂直に立てられた柱に固定され、さらにこの柱に両足が釘付けられた。（前掲書、三五八～九ページ）

十字架刑は、古代ローマ最大の雄弁家キケロ（前一〇六年～前四三年）が最も恐ろしい死に方と呼び、歴史家タキトゥス（五五年頃～一二〇年頃）が奴隷の死刑法と語った、人間の残虐さが思いついた最も戦慄すべき処刑法（前掲書、三五六ページ）なのです。
なにゆえに、神は愛する者にここまで深刻な経験を味わわせ、限りなく信頼する者にこのように大きな苦悶を与えるのか、イエスは、狂乱の叫びを発するまで苦しんだと、藤井は描写しています（⑤二〇七～八）。そしてイエスの生涯のなかでの「十字架」の意味を明らかにしていきます。

人のたましひが苦しみ得るかぎり苦しみ抜きたるのち、イエスは再び光明を見いだした。彼はやうやく悟つた、この絶大の苦悶こそは自分が受くべきバプテスマであつたことを。誠に之を受けんがための全生涯であつたのである。（⑤二〇八）

ヨハネよりバプテスマを受けることで始まったイエスの人格の完成を目指した旅は、様々な試煉に耐え、ついに十字架上での死をむかえました。そこでようやく悟ったのです。自身の人格は完成し、罪を犯さないさらに人の罪を赦すことができる域にまで達したのです。藤井は次のようにイエスの人格を総括しています。

実際私にとつてはキリスト・イエスが凡てである。彼に於て私は完全なる満悦を覚える。私のやうに人の欠点に目のつき易き者、人格に対する不満のこころ多き者、如何なる偉人に向ても没頭的尊敬をささげ得ざる者が、ひとり彼を憶ふときには何らの物足りなさは素より、かりそめの批評的感念をすら抱くことあたはず、ただ限りなき歎美と思慕と崇拝とに心みつるは何故であらう乎。

私にとつて、イエスが唯の人でない事ほど明白なる事実はない。福音書に記さるる彼の言行の印象は余りに鮮かである。イエスは確かに人の中の独一なるものである。すべての人と彼との間に性質上の差別がある。人のなかにイエスのあるは、荊棘のなかに百合花のあるが如きである。イエスの人格は道徳的の奇蹟である。（⑤六三）

人の子の一人として、自分と市井の人との分け隔てを考えられない無資格な存在として人生の旅を始めてから、ヨハネよりバプテスマを受け、さまざまな苦難を体験し、ようやく最大の試煉であった十字架の刑死をへて、罪から解放されて、人格においてこれ以上にない完成を見た者として、藤井のイエス像は描かれたのでした。

このように、まるで彫刻刀でひと彫りひと彫り渾身の力をこめて造りあげたようなイエス像、その造形の見事さに私たちはあらためて感嘆します。苦悶の果てに、なに故、かくも完全な人格が世に存在したのか、常に問いかけているところに、藤井のイエス伝の特徴があるのではないでしょうか。

（三）　イエスの存在とその意義

次に二つめの観点である、イエスの存在に藤井はどのような意義を読み解いたかということを、これからたどっていきたいと思います。

藤井は、様々な表現でイエスの存在の意義を語っています。それを拾いだして見ました。

然り、キリストの在る所に必ず天国は在る。キリストを受けて彼を主と仰ぐ者は既に天国を受けた者である。彼等は既に天国の市民である。（⑤二五）

彼等はみな宇宙及び人生の中心に触れながら、なほ其処に流るる永遠の生命を攫むことが出来なかつたのである。（略）基督者たるは大哲学者たり大詩人たるよりも遥かに大なる特権である。（⑤二七）

神の前に言ひ逃るる術なき全人類の罪を抹殺して彼等をして罪の詛よりまた其力より確実に解放せしめん事が彼の生涯の目的であつた。（⑤三五）

罪の始末の完全につかない限り、人は如何ばかりか神を慕ふとも、彼に帰りゆくことが出来ない。神は人を受け入れたまふことが出来ない。（⑤六八）

人は真理または真実（原語は同一）の何たるかを知らない。また之を知ることが出来ない。ただ真理そのものなるイエスを知ることによつてのみ我らは少しくその面影を望み得

る。（⑤一三九）

これらの表現から、その中身を知らなければならない、四つの単語に、私たちは出くわします。「天国」、「永遠の生命」、「罪」、「真理」がそれに当たります。私は、この四つの言葉は、二つのグループに分けて考えることができると思います。一つは「天国」「永遠の生命」「真理」、もう一つは内容が真逆の「罪」です。「罪」ですが、それは、「罪の詛よりまた其力より確実に解放」、「罪の始末が完全につかない限り」、という文章のなかで使われています。したがって、「罪の詛いから解放」、「罪の始末」と単語をつなげるならば、「天国」、「永遠の生命」、「真理」と同じ内容を示しているのではないでしょうか。「天国」、「永遠の生命」、「真理」は、イエスが、死を覚悟し生涯をかけて追い求めて最後にようやく獲得できたものであることを思うと、まとめて「十字架への道」で得たものと、象徴的に表現してもよいと思います。「十字架への道」とは何かについて、これから読み解いていきたいと思います。

イエスが語りかけ行動で示したものは、教会のなかの特定の信者に対するものではありませんでした。閉ざされた世界を越えて、広く巷の一般の大衆のなかで示されました。語り口は平易ですべての人に開かれたものでした。比喩に満ちたものでしたが、解ろうとする素直な心さえあれば、誰もが理解できる内容なのです。そして、その行動は毅然とし堂々たるものでした。そして、すべては権力とは無縁の小さい者の一人としての言動だったのです。その内容はどのようなものであったのかを、引用します。

彼はまた当時の教養ある人々が見て眉をひそめるやうな事をなした。すなはち売国奴と嘲けられし税吏の客となり、穢れたる遊女を近づけ、そのほかの人々より指弾せらるる罪人らの友となつた。また手をのべて癩病人に触れ、或は宮にて牛羊鳩を売るもの、両替する者などの坐するを見るや、「縄を鞭につくり、羊をも牛をもみな宮より逐ひ出し、両替する者の金を散らし、その台を倒し」などした。

その行動に於てさうであつたやうに、その思想に於ても亦彼は伝統をやぶつて全く新しき途に出た。山上に口をひらいて、如何なる人が幸福である乎を教へたときに、彼は言うた、「福ひなるかな心の貧しき者、福ひなるかな悲しむ者、福ひなるかな柔和なる者、福ひなるかな義に飢ゑ渇く者、福ひなるかな憐憫ある者、福ひなるかな心の清き者、福ひなるかな平和ならしむ者、福ひなるかな義のために責められたる者」と。斯のごときは未だ曾て地上に聞かれしことなき音づれであつて、まさに革命的思想と名づくべきものである。聴くもの「その教に驚」いたのは素より当然である。

イエスの思想は此世の立場より見るときは、逆理に満ちて居つた。世に不幸なるものには彼には幸福なるものの如く、世に幸福なるものは彼には不幸なるものの如く、有るものは彼には無きものの如く、無きものは彼には有るものの如く、強者は弱者のごとく、弱者は強者のごとく、死者は生者、生者は死者のごとくあつた。人が軽んずるものを彼は重んじ、世が尊ぶものを彼は卑めた。（⑤一六四～五）

そして、権力者を、「蝮の裔」として道徳的堕落を厳しく弾劾するものでした。さらに、身分の上下を否定し、貧困を告発し、暴力を否定し、ひとりひとり人民を慈しむ、為政者や宗教指導者にとって、社会改造者（⑤三四）とも呼ぶべき脅威であり、反逆者そのものでした。

藤井が、求めた真理もそこにあったのです。その真理は、成就しません。まず弟子が裏切り、今まで拍手喝采していた人民大衆さえも、裁きの場で十字架につけよ（マタイによる福音書第二七章二二節、マルコによる福音書第一五章一三節、ルカよる福音書第二三章二一節、ヨハネよる福音書第一九章一五節）と煽り立てる始末です。

荒野でサタンから受けた誘惑にもろくも屈するという私たちのさがを罪というなら、永遠の生命であり真理そのものであるイエスを裏切る私たちを、罪人と言わずして何といいえるでしょうか。罪からの解放は、私たちにとっては不可能なのでしょうか。

もし、イエスが、人々の裏切りを呪って死を迎えたならば、私たち人類は永遠に罪から免れなかったでしょう。人類は永遠の生命、そして真理とは無縁であったでしょう。しかしイエスは、十字架上で私たちに対して赦しの言葉を発しました。

「父よ、彼らをおゆるしください。彼らは何をしているか、わからずにいるのです。（ルカによそして苦悶の末に死を受け入れました。死してのち三日、復活し、裏切った弟子たちの前に姿を現したのです。

私たちは、そこでようやく深く悟ることができるのです。最後までイエスを裏切らないと誓ったはずが土壇場でできなかったのです。自力では罪から逃れることはできないのです。人類においてイエスだけが行えたこと、それは十字架刑の苦しみをへてイエスが私たちに与えてくれた、罪の呪縛から逃れるということだったのです。

私たちは自分の功績によって救われるのではない、ただひとえにイエスの功績のみによる、イエスが義、聖き生涯、復活を実現したからこそ、ようやく私たちがその力を借りてすべての貴いものをえて救われるのだ（⑤一〇六）と藤井はいいます。

イエスは、真実に生き、その言動をもって反逆罪に問われることとなりました。審判が下され、十字架刑に処せられ、苦しみ悶え、耐えぬきました。私たちは、そのような生きざまを貫いたイエスを見棄てて逃げ去り裏切ったのです。イエスは、罪人である私たちを、愛して赦しました。この出来事の一切を、表現するには「十字架への道」という言葉を用いるしかないのではないでしょうか。これが、藤井が確信し、私たちに伝えたかったイエスの存在の意義なのです。藤井は「十字架」を仰ぎ見るのですが、藤井にとってイエスは知恵、義、聖そして救贖（⑤一〇六）であったのです。イエスの「十字架」こそ救いであることを、次の引用から味わうことができます。

十字架のイエスを見てひとりの人が生れかはつた。放蕩児はその父に帰った。失せたる羊は見いだされた。彼に何の行為もなければ信仰箇条もない。彼にはただ一つの砕けたる霊魂があるのみ。併しそれでよいのである。それで足りるのである。（⑤一九八）

然らば彼に従うて戦ふところの私の戦が如何ばかり苦戦であらうとも何である乎。私自身の今日までの業績が惨ましき敗北に過ぎぬとも何である乎。勝利は他の理由によつて定まるのではない。ただキリストの功業による。その故に勝利は確く保証せられる。私としては側目もふらずに、ひとへに彼に取縋つてありさへすればよい。何処までも彼に付随してゆきさへすればよい。事毎に彼を呼び彼に訴へ彼に委せさへすればよい。然らば私も亦彼と共に必ず勝つ。私の霊の願ひは悉く満たされる。私は必ず栄光を見る。（⑤二四四）

このように、藤井は、「十字架」ゆえに、すべてを投げ捨ててひたすらイエスにつき従うのです。それは、人生の数知れぬ苦戦、悲惨な敗北にもかかわらず、勝利と栄光があることをすでに確信していたからなのです。

三、内村鑑三は福音書をどう読み解いたか

（一）はじめに

内村鑑三は、多くの福音書研究を遺しています。『マタイ伝研究』、『マルコ伝研究』、『ルカ伝研究』、『ヨハネ伝研究』、『ガリラヤの道』、『十字架の道』が、内村鑑三全集第五巻（岩波書店、一九三二年）にまとまったものとして収められています。

そのなかで、四福音書を総合してイエスの生涯を記述している『ガリラヤの道』と『十字架の道』を取りあげて、内村がどのように福音書を読み解いたかを見ていきたいと思います。『ガリラヤの道』は、一九二二年十二月発行の個人雑誌『聖書之研究』第二六九号から一九二四年十月発行の第二九一号に十七回にわたり連載されました。その続篇にあたる『十字架の道』は、すでに一九二四年四月発行の第二八五号に掲載した「イスカリオテのユダ」を除いて、一九二五年五月発行の第二九八号から一九二六年七月発行の第三一二号に十五回にわたり連載されました。内村晩年の六十一歳から六十五歳にかけての著作です。

この時代の主な出来事は、一九二二年七月日本共産党結成、一九二三年九月関東大震災・朝鮮人および社会主義者虐殺、一九二四年一月第二次護憲運動開始、一九二五年四月治安維持法公布、一九二五年五月男子普通選挙実施、一九二六年五月新潟県木崎村争議などであり、昭和恐慌

直前の大正デモクラシーから天皇制ファシズムへと潮目がかわりつつある時代でした。

内村の『ガリラヤの道』と『十字架の道』は、福音書を読むうえで、百科全書ともいうべき特徴を備えています。キリスト者のみならず、人々が、その生涯において思い悩む様々な問題の多くを、総括的に論じています。ただし、ここでいう人々とは、支配階級のおごれる者ではなく、小ささ弱さを自覚して日々労苦にあえいでいる大衆であることは、いうまでもありません。問題のひとつひとつに答えをだす、そこには、内村の人生の苦悶の痕跡がありありとうかがうことができます。

それは、ときとして、その答えのなかに矛盾があらわれる場合もありました。その矛盾も含めて、その底に脈々として流れるものは、誠実そのものではないでしょうか。書かれてすでに九十年たった今でも、自分の生き様、そして世界のありように救いと正義を求める私たちが、自分自身そして世界のありように疑問をもって、救いと正義を求めて歩みだすときに、導きとなるものです。内村の目線は、私たちと同じ目線です。ひとつひとつの問題に対して、ともに悩み苦しむなかで答えを見いだしていくのです。答えはひとつだけという、硬直したものではないのです。だから、出した答えの同士で矛盾が生じてしまうのです。人生の航海でいく度も難破したものが、これから同じように荒れ狂う海をゆく私たちに対して送り届けられた、慈愛に満ちた羅針盤なのです。

『ガリラヤの道』と『十字架の道』を、四福音書を総合している書だと述べましたが、その分量は、それぞれわずか二〇六ページ、一四六ページにしか過ぎません。しかし、そこで論じられている事柄は、網羅的でしかもひとつひとつが簡潔にまとめられています。福音書の百科全書というにふさわしいものです。そして、考え悩み苦しみ抜いた体験を持つもののみが著述できる体験に裏づけられた内容となっています。

取りあげられている事柄を拾いだしてみました。後ろの括弧は、内村鑑三全集第五巻のどのページに登場しているかを明記しています。複数回登場することも多く、その場合は、ひとつを選び表示しています。

始（四一〇）、福音（四一一）、イエスキリスト（四一二）、神の子（四一三）、神の国（四三五）、野の試誘（四三五）、田舎伝道（四三七）、読書（四四二）、労働（四四二）、真理（四四二）、労働者（四四三）、神学校（四四四）、奇跡（四四四）、疾病（四五五）、罪の赦し（四五六）、霊（四六四）、永遠の生命（四六五）、安息日（四六八）、山上の垂訓（四七二）、義人（四八〇）、愛（四九七）、預言者（五三三）、審判（五三八）、軍人（五四五）、平和（五四八）、武士道（五四九）、信仰（五五八）、過激派（五八五）、学問（五八六）、使徒（五八七）、懼れ（五九四）、情（五九九）、患難（六〇〇）、カイザルと神（六三五）、復活（六三八）、学者とパリサイ人（六五三）、再臨（六七四）、十字架（六八六）、社会事業（六九五）、聖餐式（六九七）、最後の晩餐（六九八）、死に勝つ（七〇二）、イスカリオテのユダ（七〇七）、教会裁

判（七一五）、カヤパとピラト（七一六）、人の死（七二〇）、キリストの復活（七三五）、平信徒（七三九）

内村が、福音書を読み解いたなかで、特に私が注目した内容があります。それは次の通りです。

第一は、イエスの福音は、誰に向けて語られたのか。
第二は、イエスの起こした奇蹟とはどういうものであったのか。
第三は、疾病と罪の関係をどうとらえたか。
第四は、山上の垂訓の内容についてどう考えたか。
第五は、復活についてどうとらえたか。
第六は、カイザルの物と神の物をどう区別したか。
第七は、軍人や武士道と信仰の関係についてどう考えたか。
第八は、十字架の死、罪と赦しをどうとらえたか。

これからひとつひとつ、読み解いていきたいと思います。

(二)　福音は誰に向けて語られたか

イエスの福音は誰に向けて語られたのか、内村は次のように述べています。

イエスの教即ち福音は新しき葡萄酒であれば、之は旧き革嚢なる祭司、パリサイの人、民の学者等に注入すべき者に非ず。若し然せば福音はその嚢を破裂き、福音は失せ之を授かりし人々も亦亡びるであらう。福音は福音に相当する器に注込ねばならぬ。そして其器は所謂宗教家に非ず、神学者聖書学者と云ふが如き類に非ず、漁夫を以て代表されたる労働の子供であるとは、最初の弟子選択に関する記事が明に示す教訓である。イエスは其弟子を選ぶに方て之を博士、学士、書を読むを以て最高の業なりと思ひし人等の間に探り給はずして、之をガリラヤ湖畔に漁業に従事せし漁夫の間に求め給うたと云ふのである。イエスが伝へ給ひし基督教の何たる乎、彼が作り給ひし基督信者の如何なる者なりし乎は此一事に由て見て一目瞭然である。(内村鑑三全集第五巻、四四二ページ　以下略して⑤四四二と表記)

イエスの最初の弟子は労働者であつた。乍然彼等は今日所謂プロレタリアト即ち無産階級の人々でなかつた。ヤコブとヨハネとはイエスに召されて直に「其父ゼベダイを傭人と共に船に遺して彼に従へり」とある。傭人を使ひ舟を所有し得し彼等は決して単の労働者ではなかつた。シモンも亦アンデレと共に一家を構へし人であつて、彼等も亦今日世に称する労働者ではなかつた。彼等は皆中流独立の民であつた。富まず貧しからず自己の正直なる労働に由て尊敬すべき生涯を送る者であつた。そしてイエス御自身が此地位に在る人であつて、彼は又其弟子を此階級より選び給うたのである。基督教は其初めより特に中流階級の宗教であつた。是れ今日に至るも、一方には貴族富豪に納れられず、他の一方に於ては過激派社会主義者に嫌はるゝ理由である。(⑤四四三)

このように、イエスの福音は、宗教家、神学者や聖書学者ではなく労働する者に対して語られたというのです。読書では真理を知ることができない、手で天然にふれて、労働してこそわかる。それができるのは、田舎、漁場で労働する者なのです。ヤコブとヨハネは、傭人を使い舟を所有している中流独立の民であって、シモンとアンドレも同様に、プロレタリアいわゆる無産階級に属してはいなかった。キリスト教は当初から中流階級の宗教である。したがって、貴族富豪にも受け入れられないし、無産階級に属する過激派社会主義者からも嫌われたというのです。

しかし、内村は、キリストの感化力について論じるなかで貧者を、また、十二使徒の選任をテーマに熱心党のシモンを考察して、少し異なった見解を示しています。その部分を引用します。

貧者、即ち病人，不具者、此世と此世の教会とが無きに等しいと思ふ者、救を彼等に施すのがキリストのキリストたる所以である。（⑤六〇五）

然れどもイエスは彼が過激派の一人でありしの故を以て彼を斥け給はなかつた。其手段は誤つて居た、然れども其精神に採るべき所があつた。聖霊の恩化に由り過激派のシモンもイエスの温良なる使徒となつた。過激の人と云へば蛇蝎の如くに忌み嫌ふ今の基督教会は此点に於ても大に省みる所がなくてはならぬ。（⑤五八五〜六）

「キリスト教は中産階級の宗教である」と「キリストはこの世で無きに等しいと思う者に救いを施す」、「キリスト教は過激社会主義者に嫌われる」と「聖霊の恩化で過激派シモンもイエスの温良なる使徒となった」、この微妙な違い、受け取りようによっては相反する結論にも取れる表現が、内村の特徴のひとつだと私は考えています。前者は、「無産階級に向けて救いの手を差しのべたキリスト教の中核を担ったのは、中産階級であった」、後者は、「過激社会主義者は運動の進め方において多くの欠点を持ち大衆から遊離する危険がある。特に寛容性を持つ必要がある。しかし、運動そのものを否定してはならない」、このようなことを内村は主張したかったのだと私は推測します。このように読み解けば、それぞれは、矛盾した内容ではないのです。

ひとつひとつの問題に対して、誠実に向きあった結果といえるでしょう。答えはひとつだけではないのです。複眼的思考、内村の矛盾を、このように私は理解しています。

私は、キリスト教と社会主義は両立する、そして、キリスト教は無産階級の宗教であると考えることがとりわけ重要であると思います。

なお、過激社会主義者がキリスト教を嫌うという断定は、内村の苦い体験から来ているものではないでしょうか。かつての同志で深い信頼の絆で結ばれていたにもかかわらず、キリスト教を厳しく批判あるいは棄教して、無産階級運動に身を投じ、社会主義者になった人々への思いが強くあるのではないかと考えられます。福田英子（一八六五年〜一九二七年）は、かつて角筈の自宅で行われていた聖書研究会に参加して内村から聖書を学びました。著書『廿世紀之怪物帝国主義』に序文（内村鑑三全集第十四巻、六〇〜一ページ、岩波書店、一九三二年）を寄せ、また、日露戦争を非戦論の立場から批判して萬朝報の発行元である朝報社をともに退社した幸徳秋水（一八七一年〜一九一一年）も袂を分けた同志の一人でした。幸徳は、政府の謀略で罪なき死刑に処せられましたが、獄中絶筆「死刑の前」（幸徳秋水全集第六巻、五一九〜六〇ページ、明治文献、一九六八年）でうかがえるように、最期まで毅然とした態度で生涯を終えました。しかし、その遺著である『基督抹殺論』（幸徳秋水全集第八巻、三四七〜四八六ページ、明治文献、一九七二年）では、イエスの歴史的実在をも否定した内容であり、内村にはとうてい受け入れがたいものでした。

（三）　イエスの奇蹟

イエスの起こした奇蹟とはどういうものであったのか、読み解いていきたいと思います。

内村は、札幌農学校で水産学を専攻し、若き日に官僚としても携わった漁業政策にも造詣が深く、自然科学者の視線で物事を見ていたと思います。したがって、奇蹟を、「人類がまだその法則を知りえていない未知の天然」として科学的に定義しています（⑤四四四〜五）。

そして、不信者に信仰を勧める手段として、病気が治癒された奇蹟を宣伝することを、浅薄な行為として痛烈に批判しています（⑤四五三）。

イエスの奇蹟を、奇蹟を起こすことは本職ではないが（⑤四四八）、それは、自発的な善意のあらわれ（⑤四四六）として限定的にとらえました。内村は次のように述べています。

> イエスは肉体の医者に非ず、霊魂の医者である。「其名をイエスと名づくべし、そは其民を罪より救はんとすれば也」とあるが如し（馬太伝一章廿一節）。そしてイエスの奇蹟はすべて此事を證明せん為である。（⑤五四二）
>
> 此場合に於て奇跡は問題でない、奇蹟を施されし人の種類が問題である。瞽者、跛者、癩病人、聾者、之を総称すれば貧者、彼等が癒され、福音を聞かせらる、是はたしかにキリス

トの顕はれし證拠ではない乎。王とか政治家とか、大臣とか、県知事とか、学者とか、博士とか、富者とか、高位高官の人とか、そんな人達が顧みられずして、貧者が恵まれしと云ふ事、其事がキリストの出現の誤りなき證拠ではない乎と、イエスはヨハネに言ひ遣はし給うたのである。(⑤六〇四〜五)

このように、イエスの奇蹟を、魂を癒すために貧者に限り行われ、救世主(キリスト)の出現を証明するための行為だったと、内村は結論づけたのでした。

(四) 疾病と罪

疾病と罪の関係をどうとらえたか、読み解いていきたいと思います。内村は、その関係を次のように、明言しています。

此処に多くの大切なる事が教へらる。第一に疾病は罪の結果であると云ふ事である。少くとも此人の場合に於てさうであつた。而して又多くの人の場合に於てさうである。故に完全に根本的に疾病を癒されんと欲せば、先づ罪を赦されなければならない。罪を赦された時に疾病の根本が絶たれたのであつて、其の何時か必ず癒さるゝ事は最早疑ひないのである。

（⑤四五五）

ここで内村が取りあげている「此人」ですが、中風の者（マタイによる福音書第九章一～八節、マルコよる福音書第二章一～一二節、ルカによる福音書第五章一七～二六節）、をさしています。

そして、疾病は罪の結果であると断定はしていますが、さらに加えて、疾病が治癒することを重視して、イエスがその罪を赦して疾病は癒された、そのことは、此の人の信仰によるのだ（⑤四五六）と福音書に書かれた癒しの事実を述べているのです。

あとで、あらためて、この読み解き方の是非を論じたいと思いますが、ハンセン病についても、罪の結果もたらされイエスの奇蹟によって癒された疾病のひとつ（⑤五四二）（マタイによる福音書第八章一～四節、マルコよる福音書第一章四〇～五節、ルカによる福音書第五章一二～一六節）としています。

内村の読み解きを敷衍すると、次のようになります。疾病は罪の結果であるが、それは信仰によって治癒することができる、イエスが彼の信仰をよびおこしたのだ。罪の結果である疾病であるから、罪を赦された時に必ず治癒する。罪はイエスによって赦されるのだから、信仰をもって希望を捨てずに生きろということではないでしょうか。

しかし、「疾病は罪の結果である」と断定したことに対しては、異論を唱えざるをえません。

私は、内村の本意は、疾病に苦しむ貧者がイエスにより罪を赦されて快癒し、生きる希望を得た事実を確認することにあったと考えます。しかし、疾病は、信仰がそれを癒すことはあっても、あくまで身体の異常であり、内村のようにそれを罪の結果と断定してはならないと思います。

病におかされまた周囲からも差別されている人々が、その原因を自身の罪にあると考えてさらに苦しんでいたこと、差別される者の卑下と差別する者の傲慢に注目すべきだと思います。イエスは、罪は赦されている、卑下することはないと説いた、そして疾病を治癒して現実においても被差別の状況から彼らを解放したと読み解くべきではないでしょうか。そこには差別する者への糾弾も含まれていると思います。

さらに、私が指摘しておきたいことは、疾病と罪との問題についても、内村に矛盾が見られるということです。罪と癒しを論じるなかでは、このように罪の結果と断じていますが、イエスの奇蹟について語るなかでは、次のように全く異なる見解を示しているのです。

癩病は今日と雖も不治の病である。布哇産大楓子油が其特効薬であると称せらるゝが、未だ其必治は保證されない。所謂熱帯病の一であつて、最も頑固なる、最も素質的の疾病である。多分医学が癩病に打勝つ時に、其最後の凱歌を挙ぐるのであらう。(⑤五四〇)

このように論じた一九二四年当時、誤った世論誘導により迫害されていたハンセン病患者に対しては、罪への言及が全くないのです。それどころか、「医学が癩病に打勝つ」と述べているのです。ハンセン病は、今日でもまだ不治の病だが、医学の進歩により治るといっているです。さらに「素質的の疾病」という見識は、前章で紹介した、孤高の良心の人、京都帝国大学皮膚科特別研究室主任小笠原登の多くの臨床を積み重ねたうえでの結論「ハンセン病の発症には体質が関係している」と同じで驚かされます。内村は、ハンセン病について、光田健輔たちの誤った学説に惑わされることなく、免疫学的な見識により正しく理解していたことに深い感銘をうけます。

ハンセン病は、医学が解決できる疾病であり治癒するという主張は、疾病は罪の結果であるということと、完全に矛盾する内容です。最後の凱歌をあげるためには、信仰もイエスによる赦しも必要ないのです。

内村の予言どおり、二十年を待たずして、一九四三年特効薬プロミンが開発され、ハンセン病は不治の病でなくなったのです。

内村のこの論説が、ハンセン病の理解において当時としては珍しいもので注目に値することは、前章で紹介した荒井英子が、すでにより詳細に論じています（荒井英子、ハンセン病とキリスト教、五五〜七ページ、岩波書店、一九九六年）。そして、内村が生きる勇気をハンセン病患者に与えたことを、次のように述べています。引用文中の「松本」とは、一九三五年十七歳のときに多磨全生園に強制隔離され、自治会長を長く務めるとともに、「何のために生まれてきたのか」という根源的な問いかけのもとに、『生まれたのは何のために』、教文館、一九九三年）、『零点状況』（文芸社、二〇〇三六年）といった優れた著作を残した無教会キリスト信徒、松木信（一九一八年～二〇〇五年）、本名松本馨であることを補足しておきます。

「らいは危険な不治の伝染病であり、隔離撲滅しなければならないという大合唱が日本を覆っている。そして各県が競って無らい県運動を進めているが、この日本に一人だけ、将来科学の進歩によって治療薬が発見される時が来る、と言った者がいる。それが内村鑑三である」。松本は聞き取りにおいても、「この内村の言葉にどれだけ励まされたかしれない。それはまさに救いであった」と語っている。（前掲書、五六ページ）

なお、荒井は、内村が、当時の時代に共通した発想である、ハンセン病患者を国辱とみなしていたこと、そしてハンセン病を罪のファクターとして用いていたことを批判的に指摘しつつも、科学的治癒が可能であると主張することで、ハンセン病患者がいつも罪人であるという福音書解釈の悪しき伝統に歯止めをかけたことに対しては高く評価しています。

（五）　山上の垂訓

山上の垂訓の内容についてどう考えたか、読み解いていきたいと思います。内村は、次のように山上の垂訓について解説しています。

山上の垂訓を研究するに方て、先づ第一に我等の心に留め置くべきは、其れが天国の福音であつて、キリストが宣言し給ひし新しき律法ではない事である。（⑤四七二）

此の世と天国とは全然性質を異にするとイエスは教へ給うたのである。（⑤四七四）

この解説は、私の今までの理解をくつがえすものと言わざるをえませんでした。山上の垂訓はイエスの教えのエッセンスでり、この世での実現をめざすものと考えていました。だから、抑圧された人々が、イエスに期待したのです。山上の垂訓を、宗教指導者は、宗教的特権の侵害と権威失墜として恐れ、為政者は、過激革命思想と見なして国家に対する反逆罪として十字架刑という最高刑で処刑したのではないでしょうか。

また、バプテスマのヨハネの叫び「悔い改めよ、天国は近づいた」（マタイによる福音書第三章二節）は、イエスが継承し、神の国がこの世で実現するように、戦いを始めたと読み解くことができます。しかし、内村は、そう単純ではないというのです。次の指摘もふくめて、内村の思いに迫っていきたいと思います。

教ふるのがイエスの第一の目的であつた。然るに馬可伝はイエスの教に就て多くを伝へない、主として彼の行動に就て録す。故に教は之を他に求めなければならぬ。そして馬太伝と路加伝とは馬可伝の此欠之を補ふものである。(⑤四七一)

内村は、イエスは、行動よりも教えることを第一に重んじたといいます。山上の垂訓は、天国の福音であり、この世での新しい律法であると誤解してはいけない(⑤四七二)のです。より良き世界の実現にむけて変革しようとしても、この世は受けつけない、巌のようにかたいものである、改革が簡単に実現するとは考えるなという戒めと考えれば、内村のこの指摘は理解できるのではないでしょうか。世の変革をめざしてイエスに従ったが、簡単には成就しないため、あきらめ実践を放棄する、己の能力を過信しこの世の変革を安易に考える人間の性向への深い洞察も底流にあったのかも知れません。

しかし、内村が、この世での実践そのものを軽視していたとは考えられません。足尾銅山の公害に抗議し、日露戦争以降非戦論を唱え続け、萬朝報や東京独立雑誌などで社会問題に対して多くの発言をした内村が、晩年聖書研究により重きを置いたからといって、社会的実践を軽んじていたとは考えられないのです。

軽視したのではなく、社会的実践が正義を求めても何度も跳ね返される、その厳しさを私たちに忠告しておきたかったのではないでしょうか。イエスの教えを理解しそれを実践していくことは、た易いことではなくいまだ道半ばだという、齢六十を過ぎての実感もあったのではないでしょうか。次の文章がその思いを端的に示していると思うのですが、深読みが過ぎるでしょうか。

然し乍ら信仰に由る義は完成させられたる義ではない。信者は今世に於て信仰的に義とせられて、来世に於て事実的に義とせらるゝのである。（⑤四八一）

この世でのたゆまぬ努力は大切なことではあるが限界がある、来世でようやくそのことは報われるだろうという思いが、内村にはあったのです。

(六) 復活

復活についてどうとらえたか、読み解いていきたいと思います。内村は、実に興味深い復活論を展開しています。

復活を、「体がそのまま生き返ることではない。よみがえり（陰府より帰る）ではなく、新たに造られること、神より新しい体をもらって別種の生活状態に入ること（⑤六三八）」と定義します。この世との断絶があると主張します。独特の想像力に満ちた世界が展開されています。次に引用する文章がそのことを語っています。

人は神の能力に由り復活状態に入つて娶らず又嫁がず又死ぬる事なし、「そは天の使者と等しく復活の子にして神の子なれば也」とあるが如し（ルカ伝二十章三六節）。生殖の必要なきに至つて性的差別の必要なきに至り、為に結婚生活の必要なきに至ると云ふのである。而して然うなくてはならない。我等は来世に於て今世の継続を願はない。我等は今世に既に厭々したのである。我等は新らしき天と新らしき地とを望む。そして之に応ふ新らしき生活を望む。二世を契ると称して、今世に於て懐ける恋愛を来世に於てまで楽まんと欲するが如き、其れこそ愚の極、迷信の極である。（⑤六三九）。

要約すると、復活の状態で、性の区別がなくなり生殖の必要もなく、結婚が消滅するというのです。また恋愛についても来世では不要であるといっています。来世は、今世の継続を願はないのです。

しかし、これだけの説明では、現世の状況との断絶が大きすぎて、復活の問題を、十分には読み解けないのではないかというのが、私の正直な思いです。あらためて、引用部分を口語訳聖書で、最初から読んでみましょう。

復活ということはないと言い張っていたサドカイ人のある者たちが、イエスに近寄ってきて質問した。「先生、モーセは、わたしたちのためにこう書いています。『もしある人の兄が妻をめとり、子がなくて死んだなら、弟はこの女をめとって、兄のために子をもうけねばならない』。ところで、ここに七人の兄弟がいました。長男は妻をめとりましたが、子がなくて死に、そして次男、三男と、次々に、その女をめとり、七人とも同様に、子をもうけずに死にました。のちに、その女も死にました。さて、復活の時には、この女は七人のうち、だれの妻になるのですか。七人とも彼女を妻にしたのですが」。イエスは彼らに言われた。「この世の子らは、めとったり、とついだりするが、かの世にはいって死人からの復活にあずかるにふさわしい者たちは、めとったり、とついだりすることはない。彼らは天使に等しいものであり、また復活にあずかるゆえに、神の子でもあるので、もう死ぬことはあり得ないからである。（ルカによる福音書第二十章二七～三六節、口語訳聖書）

内村の読み解きとは少し異なる、私自身の解釈をしてみたいと思います。

私が、注目したいのは、夫を亡くした妻に子がない場合に、夫の兄弟と結婚して子をもうけなければならないというモーセの掟に対する、イエスの答えであるということです。モーセの掟、即ちこの世の掟は無効である。来世では、この掟から解放された、自由な世界で生きることができる、そういうことではないでしょうか。子を産めなかったというだけで、六人もの夫の兄弟と結婚を余儀なくされた、この女性の尊厳回復が来世では実現するのです。死後、復活して、子を産むために再婚を繰り返えさせられる非人間的な呪縛から解放される、このことをいっていると私は考えています。したがって、復活の状態は各人各様で、今世の抑圧状況に応じたものであり、一律ではないと思うのです。それぞれにおいて、共通するのは、来世では人間としての尊厳が回復されることだと理解できないでしょうか。子のない寡婦ではなく、貧しさにあえぎ日々の暮らしもままならない大工に対してであればどうでしょうか。イエスは、その大工に対しては、復活して貧富の差がない世界で暮らしている、たとえば「各人は能力におうじて働き、各人はその必要におうじて受け取る」(マルクス・エンゲルス全集第十九巻、ゴータ綱領批判、二一ページ、大月書店、一九六八年）そのような世の中で生きるといったかもしれません。

このように、人々が復活するとは、虐げられているものが様々な形で尊厳を回復することと、多様性をもって考えてみるのはどうでしょうか。復活の持つ最大の意義は、復活を信じることで、私たちキリスト信徒が、尊厳回復の課題に全力で取り組み、それがたとえ今世では十分には実現できなくても、変革の志を来世である次世代の人々へと引き継いでいけるということではないでしょうか。

内村は、次の引用でも明らかなように、もうひとつ別の切り口で復活を論じています。

「我は在るアブラハムの神で、又イサクの神で、又ヤコブの神で」と。其事は何を示す乎と云ふに是等の列祖は神に在りて今生きて居ると云ふ事を示す。列祖が生きて居ると云ふは神が生きて在し給ふ證拠になるが、其れよりも更に強い論法は神が生き給ふが故に、彼に倚頼みし列祖は生きて居らねばならぬと云ふ事である。イエスが別れに臨んで弟子等に曰ひ給ひしと同じである、曰く「我れ生くれば汝等も生くべし」と(ヨハネ伝十四章十九節)。(⑤六三九〜四〇)

神は生きている、そしてイエスも常に私たちに寄り添ってくれている、だから復活しているのだという内村の復活論については、同感であり異論はありません。

(七) カイザルの物と神の物

カイザルの物と神の物をどう区別したか、読み解いていきたいと思います。

内村が、『十字架の道』のなかで、このテーマについて言及した逸話は、パリサイ人とヘロデ党の者が、イエスの権威を貶めるための策略をめぐらしたが、イエスは、見事に見ぬいて正面からその問いかけに答えなかった逸話として、有名です（マタイによる福音書第二二章一五～二二節、マルコによる福音書第一二章一三～一七節、ルカによる福音書第二〇章二〇～二六節）。内村は、悪意に満ちた問いかけとイエスの回答の見事さを称賛するだけでなく、カイザルの物と神の物をどう区別するかについて、正面から答えています。

明治以降の、大日本帝国の官吏教育家等が、キリスト教信徒を苦しめた事実を重く見た内村は、この問いに対して、「キリスト教とわが国の国体との関係」（⑤六三五）として、その答えをだす必要があったのです。

その答えは明快でした。カイザルに対して税金を払いなさいという結論です。しかし、それは服従するという意味ではありません。カイザルが秩序を保っていてくれるのであるから、その見返りに義務として納税をする、借りたものを返すのと同じなのです。一方、神に対しては、扱いは異なります。自分の物であるといえるものは何も持っていない、凡てを献じるのだ（⑤六三五～六）と断じています。神に対しては、絶対服従です。カイザルには有限責任、神には無限責任を、人間は負っているのです、義務に対してその重みが違うのです。

そこには、二つの重要な指摘が見て取れるのです。ひとつは、カイザルは神ではないということです。彼を神として崇拝したならば、それは偶像崇拝であり、その瞬間、キリスト信徒はその資格を失うのです。もうひとつは、カイザルが秩序を保っているから、私たちは貸借関係において納税するのであって、秩序を保てない暴君であれば払わなくてもよいということです。権力に対して事と次第では抵抗してよいのです、革命をおこす権利もあるのです。

カイザルの物と神の物について、内村が述べていることは、ここまでです。カイザルの無条件の否定、帝政の否定ではありません。したがって、大日本帝国の元首の制度でもある天皇制を否定する考えを、内村は全く持っていなかったと考えられます。

ここであらためて、問いかけたいと思います。キリスト信徒は天皇制というものを認めてよいのでしょうか。私の答えはＮＯです。人間はすべて神の前では平等だからです。天皇制は身分制であり、人間はその出自によって差別してはならないという万人平等の原則に反します。天皇も一人の人間なのです。キリスト教信仰の有無と関係ない観点からも、論じなければならないということも強調しておかなければならないと思います。ましてや、キリスト信徒は、偶像を崇拝してはならないのです。

戦後日本を代表する思想家加藤周一（一九一九年〜二〇〇八年）が、一九四六年三月に東京大学新聞社発行の大学新聞に投稿した「天皇制を論ず」は、七十年がたった今でも、あらためて読み返さなければならない優れた論文です。

問題は天皇制であって、天皇ではない。（略）
天皇制は何故やめなければならないのか。理由は簡単である。天皇制は戦争の原因であったし、やめなければ、又戦争の原因となるかも知れないからである。（略）

若し天皇制がなかったならば、あれ程深刻な批判精神の麻痺はあり得なかった。（略）光は東より来た如く、凡ゆる不合理主義は天皇制より来た。第一、支配者の世襲制度そのものが不合理であり、権利があって義務がないと云う存在そのものが不合理である。（略）
（加藤周一著作集第八巻、九三〜一〇八ページ、平凡社、一九七九年）

日本国憲法施行後、天皇は、支配者でなく象徴となりましたが、世襲制であることに変わりがありません。また、統治者としての権利はなくなりましたが、象徴であることが災いして、日本国憲法が保障する、職業選択、選挙権、被選挙権等、天皇個人は人間としての多くの権利が奪われています。

天皇制と戦争被害拡大の過去の因果関係は、江華島事件（一八七五年）からアジア太平洋戦争（一九三一年〜一九四五年）までの侵略戦争の歴史のなかで「天皇のために命を捧げろ」という命令が果たした役割と、どれだけ多くの日本国民のみならず植民地の人々が、この言葉により動員され、投降できずに命を落としたかを考えると結論はおのずと明らかです。また、天皇制が戦争遂行と結びつく将来の可能性の増大ついては、二〇一二年に提案された自由民主党の『日本国憲法改正草案』第一条の天皇の元首化と、第九条第二項の戦争放棄の放棄とが連動していることが、いみじくもそのことを物語っています。なお、この草案は、恒久平和、基本的人権を否定する戦前回帰の恐るべき憲法草案です。すぐに撤回すべきです。近現代の戦争が国家総力戦であるだけに、天皇制の危険性が、より明確に浮かびあがってくるではありませんか。

カイザルと神の関係をどうとらえるかについて、内村が、この問題に対して避けることなく正面から向きあったという重い事実を、私はしっかりと受けとめなければならないと考えています。

（八）軍人・武士道と信仰

軍人や武士道と信仰の関係についてどう考えたか、読み解いていきたいと思います。

まず、内村がローマ帝国の軍隊をどうとらえていたのか、考えてみましょう。

この点について、イザヤ書第二章第四節の「斯くして彼等はその剣を打ちかへて鋤となし、その槍を打かへて鎌となし、国と国は剣を挙げて相攻めず、また重ねて戦争の事を学ばざるべし」を預言者に与えられた神の聖意として（内村鑑三全集第四巻、四三三〜四ページ、岩波書店、一九三二年）、非戦論を唱えて、武力の行使はいうに及ばず武器さえも否定していた内村が、イエスの時代を振り返って、次のように、ローマ帝国の軍隊を高く評価していることに、戸惑いを禁じえません。

軍隊は必しも圧制の道具でない。克く之を使用して平和は確立せられ又支持せらる。羅馬帝国四百年の平和は其一面に於て慥かに其有力なる軍隊の賜物であつた。其保護ありしが故に使徒等は比較的短時日に当時の文明世界を福音化する事が出来たのである。秩序法律は基督教の重ずる所である。随つて其維持の任に当りし羅馬軍人は自づから福音に惹かされ、其尊崇家又は求道者であつた。福音書の此場合に於てのみならず、使徒行伝十章に於ける百夫の長なるコルネリオの場合の如き、同二十二章に於けるパウロを保護せし百夫の長並に千夫の長の場合の如き、其他二十三章、二十四章、二十八章等に現はれたる百夫の長は、すべて福音の保護者であつた。使徒等殊にパウロが彼等を重んぜしに深き理由があつたのである。斯くしてイエスは軍人を愛し、軍人はイエスを愛した。軍人が若し真の軍人ならば斯くあるが当然である。(⑤五四四〜五)

内村の、ローマ帝国の平和が一面において軍隊によるものという指摘は、たとえ一面という限定つきであるにせよ、四百年の平和があったと断定している点が、少々乱暴ではないでしょうか。キリスト教徒のみを弾圧したかは昨今異論がでていますが、紀元六四年に、ネロによる虐殺事件がありました。紀元六十六年には、反ローマの旗のもとにユダヤ人が立ちあがり、ユダヤ戦争が起きました。徳川三百年の泰平という表現があります。この断定に対して、農村の飢饉、百姓一揆、身分差別の社会が、平和といえるか、疑問を呈さざるをえないと同様の内容を、ローマ帝国四百年の平和という表現は含んでいると思います。

にもかかわらず、内村は、平和と表現しました。そこに二つの理由があるのではないかと想像します。

ひとつは、イエスの十字架による処刑後、パウロおよび使徒たちが福音をユダヤ一国からローマ世界に広げることができたことを、ローマの平和の賜物と考えたことです。

もうひとつは、福音書や使徒行伝の記述にあるように、ローマの軍人たちが、イエスを救世主として尊崇し、またパウロを助けた事実です。軍隊そして軍人を、その意味では平和そして平和の徒とよぶことができるからです。イエスの死後四十年間でのキリスト教のローマ世界への伝搬において、ローマの軍人の貢献を高く評価したのです。

内村の軍人への評価の高さは、根強いものがあります。ローマの軍人に対しても、信仰の深さとその中身の簡短さ、そして命令への従順さを賛美しています（⑤五四五）。このことは、自身の出自でもある武士階級の高い倫理観、道徳性に対する自負心、日本の武士道への高い評価と同質のものです。次のように、軍人および武士道を評価します。

イエスは平和の君であるが、其部下として忠実なる軍人を求め給ふ。そして軍人が福音の戦士と化せし時に、最も有力なる平和の使徒と成るのである。（⑤五四八）

武士道は福音を接木するに最も良き台木である。此木を接ぐに此嫩枝を以てして、良き果

を結ばざるを得ない。日本に於ける武士道の衰退は福音のために最も歎はしきことである。（⑤五四九）

このような軍人への高い評価は、内村が、日本に福音の根が張る可能性を、軍人の精神特に武士道の精神のなかに見いだすことにつながっていきます。

ところが、このことと、「福音は誰に向けて語られたか」で読み解いたように、内村自身が述べている中産階級が福音の担い手という主張との間には、論理の矛盾があります。

武士は、下級上級を問わず支配階級であり、兵農分離が原則であり、生産活動には関わっていません。一部下級武士の屋敷内での農作物栽培や、僻地での屯田、これらを事例としてあげられることはできるかもしれませんが、それらは例外であって、社会階層全体としては、生産を担う中産階級とはいえないでしょう。

しかし、このような論理の一貫性の詮索は、内村にとっては無意味であって、階級としての中産階級と、精神性における武士道、双方ともにキリスト教の善き担い手の要素としてとらえれば、それでよいのです。これもまた、内村らしい矛盾ではないでしょうか。

武士道、儒教道徳などとキリスト教信仰との関連については、内村の著作『Representative Men of Japan（代表的日本人）』（内村鑑三全集第十五巻、一八一〜三二〇ページ、岩波書店、一九三三年）で展開されており、さらに深い読み解きが必要だといえるでしょう。

(九) 十字架の死

内村にとってイエスの十字架の死とは何であったかという、最大のテーマについて読み解いていきたいと思います。罪と赦しについても、十字架の死との切っても切り離せない関連があり、あわせて考えてみたいと思います。

内村は、何をもってキリスト教といえるのか、その条件について述べています。師はイエス一人であること(⑤六五一)、神を愛することが第一で隣人を愛することが第二でありそれ以外はたいしたことではないということ(⑤六四四)、キリストの再臨を待ち望むこと(⑤六七五)、自分の罪が赦されたのであるから他人の罪を赦すこと(⑤七四一)、これらがキリスト教信仰の神髄であると主張しました。

ただ、これらのキリスト教の条件は、イエスの十字架の死によって完成したのであって、それなしには、成り立たなかったということなのです。イエスの十字架の死は、史上最大の出来事なのです。内村は、次のように述べています。

そして世界歴史の頂点と称すべきキリストの十字架の出来事が最大の劇なるは当然である。沙翁の『ハムレット』も、ゲーテの『フハウスト』も到底之には及ばないのである。(⑤六八六)

馬太伝廿六章以下が基督教の中心であり、頂点であり、焦点である。(⑤六八七)

このように位置づけられた、イエスの十字架の出来事を、これから順を追って確認していきましょう。

まず、イエスが逮捕にいたるきっかけを作ったユダについて、見ていきましょう。

内村は、イエスに接近しすぎたためにかえって最悪最醜の堕落信者となったととらえて、憎むべき裏切り者と単純には考えていません(⑤七〇七～一一)。イエスは、反逆者ユダの不幸を憐れみました。ユダは、キリストに最も近い者だったのです。救いのない裏切り者として、私たちとの間に壁を作って弾劾する、このような評価とは一線を画したユダへの理解です。新約聖書の外典である『ユダの福音書』の研究にも見られる、最近の新約学の先駆ともいうべきものではないでしょうか。ユダは、律法の義を強く求めた、しかしイエスの正義が自分の求めた正義と異なったために、失望の結果、イエスを裏切った、このように内村は読み解いています。正義は求めるが罪の赦しの福音は求めない、それがユダであったのです。これは、キリスト信徒だれもが持ちうる性向として自戒すべきことなのです。私たちも、ユダになる可能性があるというのです。

容赦なく暴力によってでも敵対者を倒して人々を救うことが、ユダの正義であったと読み解けば、イスラエルの政治的解放を求めたが、イエスが政治的に動かなかったことで失望し裏切ったとの解釈とも、一脈通じるものがあると思います。

次に、司祭カヤパの行った裁判について考察してみたいと思います。

内村は、教会の行う裁判の典型としてとらえて、それを、真理を抑圧するものとして次のように厳しく批判しています。

教会裁判！ 実に世に此んな当にならぬ者はない。凡ての大信仰、大思想は教会に死刑を宣告されて始まつた者である。カヤパは何れの世にも在る。彼は神の人に或る意味の死刑を宣告し神の聖業を賛け奉る。カヤパなくして神の子の贖罪の犠牲は行はれなかつた。有難い事である。（⑤七一五）

逆に、ローマの代官ピラトについては、きわめて好意的な評価をくだしています。ピラトは政治家であり、宗教家カヤパのような悪意と復讐心はなく、無頓着で寛大な取り扱いをイエスに対して行った（⑤七一六）。また、ピラトは、イエスが死刑になるような罪を犯していないと直感したというのです（⑤七一七）。中世以降のヨーロッパや現在の日本におけるキリスト教会の否定的な役割をカヤパに、ローマの軍人や日本の武士道の潔い特性をピラトに、内村が、イエス裁判のなかに、このような要素を加えて判断していたと推測できるのではないでしょうか。

この内村のピラトに対する評価を、定説としてよいかが、ここで問題となります。イエスの為政者に対する批判者としての存在を封印し、ユダヤ教の指導者たちによる宗教裁判の犠牲者に限定しようとする解釈の妥当性が問われているからです。この解釈に対しては、多くの異論がでています。現代日本の新約聖書の史的研究の成果である、半田元夫（一九一五年〜一九七七年）の業績から、振り返ってみたいと思います。

ともあれ『福音書』の記述は、イエスの死は人類の救いのためであったことを示そうとするところに関心があったにせよ、その傾向性によってピラトゥス免罪のため作為がなされているにせよ、次の事情を考えれば『福音書』の記述自体から、判決、処刑はピラトゥスによって行われたと言わざるをえないようである。

『ヨハネによる福音書』は、ピラトゥスは最後の判決を下すため「裁判の席についた」（一九の一三）と述べている。このことは『マタイによる福音書』によっても傍証される（二七の一九）。もしある学者たちの主張するように、ピラトゥスはユダヤの判決を承認するだけであったのなら、わざわざ裁判席につく必要はない。死刑の宣告は正式な手順をふんで裁判席から発せられなければならなかったけれども、ほかの判決や訓令は、de plano（平地から）発することができたからである。

裁判席につく必要がなかっただけではない。『福音書』の伝えるように、ピラトゥスは不承不承ユダヤ人の要求を承認したのであれば、その承認をわざわざ裁判席について行なう気分にはなれなかったと考えるのが自然であろう。それゆえ、彼が裁判席についたのは、自らの判断で死刑の宣言決を下そうとしたからであると考えざるをえない。とした場合、ローマ総督が正式に下す死刑の判決の罪状は、瀆神罪ではありえない。しばしば触れられてきているように、このようなユダヤ教内部の宗教問題は、ローマ総督の関知するところではなかったからである。それは当然反逆罪という政治的犯罪でなければならない。このことは『福音書』によっても、ピラトゥスのイエスに対する訊問は、「あなたはメシア、神の子であるか」ではなく、「あなたはユダヤの王であるか」というものであったことによって明らかである。（イエスの死、二一三～四ページ、潮出版社、一九七三年）

ピラトの裁判を歴史的に考察するうえで、ここで述べられている「瀆神罪でなく反逆罪、政治的犯罪犯として処刑された」という指摘が重要であると、私は考えています。イエスが、世の中の弱者として行動し、時の権力者を批判した結果、重罪人として十字架刑に処されたと考えてよいどうか、重要な試金石であるからです。ピラトの性格やイエスに対する個人的な感情については、私にとってさほど重要な問題ではありません。イエスが、なぜ処刑されたかが重要です。半田の著書『原始キリスト教史論考』（清水弘文堂、一九七二年）なども、この問題を考えるうえで必読書となります。

無教会キリスト教信徒で、ギリシアローマ史に多くの業績をのこした秀村欣二（一九一二年～一九九七年）は、ヨセフスの『ユダヤ戦記』、『ユダヤ古代誌』、フィロンの『ガイウス遺使』など紀元一世紀に書かれた史料による分析を行って、次のように述べています。半田と矛盾しない見解であると思います。

本来、冷酷残忍でユダヤ人の気持ちなど理解しようとしなかったピラトゥスが、このように手をつくしてイエスの赦免に尽力したかと思うと、また群衆の圧力にあっけなく屈してしまうのは、史実性を疑わせるものがある。ピラトゥスの妻の夢見の挿話（マタイ二七・一九）はいかにも作為らしく、総じてピラトゥスを代表者としてローマ政府の罪責を軽減し、ユダヤ人を強く弾劾する意図が明白によみとれる。（秀村欣二選集第五巻、一五五ページ、キリスト教図書出版社、二〇〇八年）

秀村が、「スパルタクスとイエス―土井正興さんに想いを寄せて」（秀村欣二選集第二巻、三六六～七ページ、キリスト教図書出版社、二〇〇三年）のなかで、高く評価した古代西洋史家、土井正興（一九二四年～一九九三年）の業績にも、ここでふれておかなければなりません。土井の『イエス・キリスト　その歴史的追究』（三一書房、一九六六年）は、イエス時代のユダヤ教諸会派、ユダヤ社会の階級構成と民族状況、それらからイエス出現の歴史的背景を見事に分析した、日本のマルクス主義歴史学のイエスの史的研究における到達点ともいうべき名著です。土井は、次のように、ピラトの裁判について、半田、秀村と、同じ見解を示しています。

福音書の成立年代は、先にみたように、マルコを最古としてルカにいたるまで、大体一世紀の後半から二世紀のはじめにかけてであった。あとでものべるように、この時期は、原始キリスト教団から、キリスト教が生まれ、それがローマ世界にひろがっていこうとする時期であり、また、キリスト教の主体性の確立とともに、ユダヤ教徒との闘争が激化した時期でもあった。

したがって、キリスト教徒にとって、ユダヤ人は不倶戴天の敵であり、キリスト教の伝道にたいする反対者としてうつっていた。だからこそ、キリスト教徒、また、その感情を代表した福音書記者は、イエスの最期を叙述するにあたって、ユダヤ人に最大の責任を負わせるような構成をとったのである。

と同時に、このことは、キリスト教徒がローマ帝国内にキリスト教を伝道するにあたって、キリスト教がローマ帝国にとって破壊的でないことを印象づける努力の結果として生まれているのである。イエスの処刑の責任をユダヤ人におしつけることは、逆に実際の抑圧者たるローマ人の責任を免罪することになる。この目的のために、福音記者はピラトウスを美化し、人道化し、イエスの処刑の責任を免罪している。そして、ローマの代官を美化し、免罪することによって、帝国権力に迎合する形で権力の抑圧から、キリスト教を守り、帝国権力の監視の目をごまかして、キリスト教をひろめようとしたのであった（略）。（前掲書、一四一～二ページ）

このように、一定の仮説に基づくとはいえ、史料の検証による歴史学の成果によって、ピラトの裁判は見直されていくでしょう。聖書と歴史学の関わりについて、内村は、一九二三年五月発行の『聖書之研究』第二七四号に寄せた短文で、次のように述べています。

聖書は読まざるべからず、然れども聖書のみ読むべからず。聖書と共に哲学、科学、文学、歴史を読むべし。聖書のみ読みて聖書狂となるの虞あり。此は最悪の精神病である。（内村鑑三全集第十三巻、七七一ページ、岩波書店、一九三三年）

福音書の記述が、歴史学によって修正されていくことを内村は、認めていたといえるでしょう。

イエスは、瀆神罪でなく反逆罪、政治的犯罪者として処刑されたと考えるべきではないでしょうか。

次に、イエスの息が絶えるときの言葉、「エリ、エリ、レマ、サバクタニ」（マタイによる福音書第二七章四五～五〇節、マルコよる福音書第一五章三三～七節）の解釈について、考察したいと思います。

内村は、この言葉が発せられたことについていくつかの解釈を示しています。イエスは死に臨んで終に神の愛を疑った、信仰に始まり懐疑を以って終わった、イエスは神に捨てられたかとと思うほど苦痛を味わった、神に捨てられることなくかえって神をあがめた（⑤七二五～七）こういった解釈です。しかし、解釈がほかにもあるとして、それを述べています。

> 即ちイエスは詩篇第二十二篇を心に念じつゝ、彼の友と敵とに、そして又彼等を通うして全世界に、彼の遺言として之を遺して世を去り給うたのである。（⑤七二七～八）

> すべては勝利と感謝に終つた。「神、我を棄たまへり」ではない。其正反対に「彼れ我を拯け給へり、我を高く揚げ給へり」である。（⑤七二九）

神に感謝して全てが勝利で終わった、それが、彼の友と敵と全世界への十字架からの遺言であったという解釈です。「エリ、エリ、レマ、サバクタニ」すなわち「わが神、わが神、なにゆえわたしを捨てられるのですか」には続きの詩があるというのが大きな根拠となっています。

この文言は、詩篇第二十二篇の出だしであって、その全文に注目したのです。「わが神、わが神、なにゆえわたしを捨てられるのですか。」で始まり、「子々孫々、主に仕え、人々は主のことをきたるべき代まで語り伝え、主がなされたその救を後に生れる民にのべ伝えるでしょう。」(口語訳聖書)で終わる、神への賛美と感謝の詩の冒頭なのです。内村が、イエスの十字架の出来事は世界歴史の頂点であるという根拠は、断末魔に詩篇二十二篇が唱えられたことにあるといえます。十字架の死においてすでに、イエスの生涯は、勝利と感謝に終わっていた(⑤七二九)のでした。

しかし私は、違った解釈をしたいと思います。内村が紹介し退けたもののひとつです。神が見棄てたと思うほど、その痛みに悶絶して死んだと考えています。

死に際して、イエスは、裏切った弟子を含めてすべての人々、処刑をさせた敵さえも、赦して死んだのです。後世を生きる私も、その場にいたらイエスを裏切ったでしょう。そういう私も含めたすべての人々を、「父よ、彼らをおゆるしください。彼らは何をしているのか、わからずにいるのです。(ルカによる福音書第二三章三四節、口語訳聖書)」といって赦して敗北し刑死したことが、イエスの十字架の出来事です。

私は、イエスにより私たち全人類の罪の赦しは行われたが、十字架の死において、まだイエスの勝利は約束されていないと解釈しています。ここまでのイエスの生涯は、まだ敗北であると考えています。

イエスは、復活し、人々の前に三日後に現れました。そしてそれ以降、今日までイエスは生き続けています。神がイエスを復活させて、イエスが私たちに現れたその事実をもって、イエスはようやく勝利したといえるのではないでしょうか。

私は、イエスが十字架から私たちの罪を赦した事実によって、イエスを神の子、キリストであると確信しています。しかし、イエスの十字架の死は、いったんは敗北で終わった。イエスでさえ敗北したのであるから、私たちは、簡単に勝利が約束されているほど、神の国を実現することは甘くないことを知るのです。そして多くの敗北を覚悟するのです。しかし、イエスにつき従うことで、私たちの生涯が敗北に終わっても、神がイエスを復活させたという事実をもって、いずれの日にか私たちが勝利することを、神が私たちに約束してくれていることを知るのではないでしょうか。だから、私たちは敗北の戦いから逃げないのです。

罪の赦しについて、内村がどのように考えていたのかについても、考察したいと思います。罪の赦しは、イエスの、誕生、受難、十字架の死、全生涯を通しての目的であったとしています(⑤七四三)。内村は、イエスにより罪を赦されたことを深く実感していました。イエスにより罪を赦されたのであるから、他人が内村に対して犯した罪をも赦す、これがキリスト信徒である(⑤七四二)、罪の赦しのある所にのみ神の国があり、それが行われて初めて戦争は止むのだと述べています(⑤七四四)。

(十) おわりに

さきほど、神がイエスを復活させたという事実があるから私たちは敗北の戦いから逃げないと、私は述べました。このことについてもう少し補足したいと思います。

今、日本政治の場で、社会保障制度や労働法の改悪、TPP批准、憲法第九条の形骸化と憲法改悪、軍事大国化と米国従属、原子力発電の再稼働、これらが国策として推進されています。それに対抗して経済格差是正にむけた富の再配分、国内農業を守り食の安全確保、環境保全、原発再稼働阻止、安保破棄、非武装中立を求める様々な提言が行われて、私たちの命と暮らしと平和を守る運動が粘り強く進められています。二〇一五年の戦争法廃止や、二〇一六年の参議院選挙での改憲勢力与党に三分の二の議席を与えてはならないという平和憲法擁護の運動は、前進はあったものの残念ながら簡単には勝利を得ることはできませんでした。

現在日本社会で起きていることを振り返ってみましょう。

非正規雇用が拡大して経済格差は広がり、富が一握りの人々や大企業に集中しています。経済成長が重視されて、富の再配分と環境保全や災害対策が軽視されています。軍事費に多くの税金が使われて、軍事大国化が進行しています。高額所得者や大企業の減税が行われる一方で、増大する福祉や医療費に対しては、低所得層ほどより厳しい消費税の増税でおぎなわれようとしています。TPPの本質は、巨大多国籍企業の利潤追求にあり、国民の食の安全が犠牲にされる危険性をはらんでいます。沖縄での米軍基地は固定化され、住民は日々騒音や事故さらに米軍軍人の暴行に脅かされています。福島原発事故の反省のないまま、多くの原子力発電所が再稼働されようとしています。自衛隊は、国内外災害対策部隊へ全面改組するどころか、その戦力は増強され日米軍事同盟強化のもとで、海外で米国の戦争に参加する軍隊へと変容しつつあります。

こういう社会に生きている私たちは、イエスが立ち上がって寄り添い手を差し伸べた、弱者といえる存在になっているのではないでしょうか。命と暮らしと平和が、脅かされているからです。これらを守る戦いが必要です。

こういった戦いは、過去には数多くの敗北を味わっていることも事実です。ナチス党政権に対する戦い、天皇制ファシズム国家に対する戦いは、国内では国民の力量不足で敗北を喫し、悲惨な世界大戦を阻止することができませんでした。その結果、じつに五千万とも八千万ともいわれる多くの人々の命が奪われ、国土と文化、個人の暮らしと財産が徹底的に破壊しつくされて、人々は塗炭の苦しみを味わいました。このようなことは二度と経験したくありません。繰り返してはならないのです。

しかし、戦争はその後も根絶されることなく、今この瞬間においても、世界で起きています。人類を絶滅に導く悪魔の兵器である核兵器が、他国を威圧し抑止力になるという迷信に支えられて、全廃どころか拡散の傾向にあります。二〇一五年十一月国連総会で核廃絶への法的枠組みの強化を求める「人道の誓約」決議案の採決で、唯一の被爆国である日本政府は米国の核の傘に守られているとして棄権しました。今年十月、法的拘束力を持つことになる「『核兵器禁止条約』制定のための交渉開始決議」にたいしては、百二十三ケ国の賛成のなかで、事もあろうに反対票を投じました。認めてはならないことであり、強く抗議しますが、これも、私たちの敗北です。

最後に、もう一度繰り返して強調したいと思います。

イエスの生涯、その十字架の刑死と三日後の復活というキリスト信徒にとっての事実は、二つのことを意味します。第一は、イエスが、私たちの罪は消えないが、それを赦し、いつも共にいてくれることを意味します。第二は、私たちの戦いが、たとえ敗北で終わって、その結果、私たちを取り巻く社会状況が悪化の道をたどっていようとも、イエスの復活の事実が、最後の勝利を約束していることを意味します。

これらのことが、私たちが、打ちひしがれることなく、新たな戦いに挑み続けることへの原動力となっているのです。

あとがき

今回の福音書を読み解くにあたりその導きとした著作は、その完成時期を年代順にならべると、内村鑑三『ガリラヤの道』一九二四年、『十字架の道』一九二六年、藤井武『イエス伝研究』一九二九年、矢内原忠雄『イエス伝（マルコ伝による）』一九三九年ということになります。朝鮮の独立運動を弾圧し、中国への侵略を加速し、日本帝国主義が天皇制ファシズムへと突き進んでいる時代に書かれた著作でした。

日本政府は、時として米英政府との交渉テーブルについて政策を若干軟化することはありましたが、大筋においては、朝鮮での皇民化政策に見られるように言葉と文化を奪う植民政策を強行し、中国政府を敵視して、強大な外敵がいるかのごとく排外感情に訴え、貧困にあえぐ国民を、翼賛体制に動員していきました。言論の自由を抑圧し、天皇制を批判し植民地支配と軍備拡大に反対する少数者は非国民としてその生命さえ奪った時代でもありました。

それから、四分の三世紀が経った今日の日本において、このような過ちを忘却したかのように、排外感情をあおって軍拡路線を正当化する風潮が強まりつつあります。少数者に対する非寛容も広がりつつあります。これらと連動して、先の大戦で、尊い犠牲を払って手にした、現行の日本国憲法を改悪して、国民主権・平和主義・人権の尊重の原則を少しずつ奪おうとする政府の動きも熾烈です。歴史的岐路にたつ今、私たちに対して、過去の歴史に学ぶ理性と、寛容性が強

く求められています

福音書を読み解くにあたり、その導き手として選んだ三人の無教会キリスト教指導者は、時の権力者そして宗教指導者を批判し、虐げられた貧しい人々と共に歩み、剣をとる者はみな剣で滅びると平和を訴え続けたイエスの信徒であり、十字架刑に処せられたイエスを救い主と仰ぐゆえに、天皇制ファシズムと一線を画して、それを根底から批判することができました。

これらの事実は、今私たちに対して、どのような態度決定を迫ってくるものなのでしょうか。この三人の福音書の講解および研究をひも解くことで、おのずから明らかになったと確信しています。

今回は、ロマ書を取りあげることができませんでしたが、この三人を通して聖書を読み解くことを、これからも生涯の糧としていくつもりです。

著者紹介

平本　潤（ひらもと・じゅん）

1957 年　奈良市生まれ。

1975 年　大阪星光学院高等学校卒業。

1980 年　慶応義塾大学経済学部卒業。ユニチカ株式会社入社。

現在、株式会社クロスユーアイエス　代表取締役社長。

著書に、『中村勝己と矢内原忠雄』（私家版、2014 年）、『平信徒が読み解く「創世記」と「イザヤ書」―矢内原忠雄、藤井武および内村鑑三を通して―』（かんよう出版、2016 年）。

平信徒が読み解く『福音書』

―矢内原忠雄、藤井武および内村鑑三を通して―

2016 年 12 月 25 日　発行

著　者　平本　潤

発行者　松山　献

発行所　合同会社 かんよう出版

〒 550-0002 大阪市西区江戸堀 2-1-1 江戸堀センタービル 9 階

電話 06-6225-1117 FAX 06-6225-1118　http://kanyoushuppan.com

装　幀　堀木一男

印刷・製本　有限会社 オフィス泰

ISBN 978-4-906902-80-4　C0016

平本潤著

平信徒が読み解く『創世記』と『イザヤ書』

―矢内原忠雄、藤井武および内村鑑三を通して―

四六判　本体一、〇〇〇円

川中子義勝著

悲哀の人 矢内原忠雄

―歿後五十年を経て改めて読み直す―

四六判　本体一、八〇〇円